Dragan Petrovec

GEWALT UNTER DER MASKE

Viele Menschen sind nicht „banal", sind nicht „ordinary people", sie sind Verbrecher. Viele latent, bis zur ersten Gelegenheit. Bleibt sie aus, werden diese Neigungen im Rahmen des Möglichen freigesetzt. Es sind psychopatische Vorgesetzte; wem auch immer – Arbeitern, Arbeiterinnen, Schülern, Studenten, Klienten, Patienten. Wäre diese Behauptung nicht wahr, hätten wir in den Kriegssituationen keine massenhaften Ausbrüche unvorstellbarer Grausamkeit, ausgeführt von Menschen, ungeachtet ihres Geschlechts, Alters oder ihrer Bildung. In solchen Situationen fallen jegliche Hemmungen, an den Tag kommen die niedersten Triebe. Man muss sich nicht weit zurück in die Geschichte begeben. Leider. Der Balkan vor 20 Jahren ist der tragische Beweis. Mehr Böses als man glauben will.

***

Dragan Petrovec (1952), Jurist, Professor, Autor von Büchern, Artikeln, Studien. In der slowenischen und internationalen Öffentlichkeit gilt er als einer der anerkanntesten Experten auf dem Gebiet des Strafvollzugs, besonders der Haftstrafe. Einst leitete er das Frauengefängnis in Ig und führte das europaweit einzigartige Experiment der Öffnung des bis 1975 streng überwachten Vollzugs, ungeachtet der Straftat oder des Strafmaßes der Verurteilten, erfolgreich durch.

Mit wissenschaftlicher und menschlicher Sensibilität beleuchtet er Bereiche der Philosophie, der Bestrafungspraxen, des Verurteilten-Traitements und der Kriminalitätspolitik.

Dragan Petrovec

Gewalt unter der Maske

Essays

Dragan Petrovec

GEWALT UNTER DER MASKE

Erstausgabe Juni 2015

Originaltitel NASILJE POD MASKO

Bibliografische Information der Deutschen Nationalbibliothek:
Die Deutsche Nationalbibliothek verzeichnet diese Publikation in der Deutschen Nationalbibliografie; detaillierte bibliografische Daten sind im Internet über http://dnb.dnb.de abrufbar.

Fachrezension Dr. Mojca Mihelj Plesničar und Dr. Matjaž Ambrož
Aus dem Slowenischen Milka Petrovec-Fuhrmann
Umschlagsgestaltung Milka Petrovec-Fuhrmann

Herstellung und Verlag: BoD – Books on Demand, Norderstedt

ISBN: 978-3-7481-1810-7

EINFÜHRUNGSGEDANKEN

Beginnen wir mit der Betrachtung der Institutionsgewalt. Jede Institution stellt eine Macht dar, die die Summe der Mächte Einzelner erheblich übersteigt. Im Guten und im Schlechten. Auch die Institutionen mit noch so einer humanitären Mission können leicht zu Folterkammer mutieren. Es genügt die Berichte über das Handeln verschiedener Kirchen zu lesen, von den Neugeborenen-Entführungen in Spanien, Vernichtung der Kinder und Sterilisation der Urbevölkerung in Kanada bis zum Massenmissbrauch in Irland und noch vielerorts. Nicht besser ist es beim Militär und beim Umgang mit den Rekruten bestellt, egal wo auf der Welt. Es ist eine traurige Gesetzmäßigkeit, dass die Opfer sich nicht wehren können und der Mehrheit nur der Gedanke bleibt, dass man überleben und später denjenigen, die noch folgen, mit Zinsen heimzahlen muss.

Militär, Polizei, Kirche, Gefängnisse, Brüderschaften, Internate – sie alle sind für Gewalt ein Gewächshaus. Wir hätten zwei Möglichkeiten, um sie zu verhindern. Aufgrund dieser Erfahrungen bestehen zahleiche formelle Körperschaften, um diese Phänomene zu unterbinden /verhindern. Aber auch auf diese kann man sich nicht verlassen, wenn bei den Opfern die Angst zu groß ist. Das ist in den Institutionen auch die Regel und nicht die Ausnahme. Der Einzelne, der in eine neue Umgebung kommt, ist praktisch machtlos. Selten verfügt jemand über den Mut und tritt der Macht, die ihn mehrfach überragt, entgegen.

Die zweite Möglichkeit ist, ein offenes Kommunikationssystem herzustellen, das bereits mit ihrer Konstituierung Gewalt verhindert, wenigstens die Mehrzahl eines solchen Verhaltens. Das könnte man Transparenz nennen – in konkreten Fällen auch das Wachen über allem, was passiert. Mit der Zeit dürften Verhältnisse entstehen, in denen Gewalt selbstverständlich inakzeptabel wird und niemandem einfällt, dies in die Hausregel aufzuschreiben.

Um die Mechanismen der Gewalt und besonders deren Förderer zu erkennen, muss man Žižeks (aus Slowenien stammender Philosoph und Kulturkritiker, Anm. d. Übers.) Gedanken[1] zustimmen, entnommen einer Anekdote über Lenin, der sich vor der Ehefrau und der Geliebten irgendwohin in Sicherheit bringt, jede ist aber überzeugt, er befinde sich bei der anderen. Dort, in Sicherheit, am dritten Ort, wo er Ruhe vor beiden hat, studiert und studiert Lenin.

Genauso müssten wir handeln und uns in die Ursachen vertiefen, die die Gewalt verursachen. Wenn wir anekdotisch fortsetzen – erst wenn die Gewalt verhindert wird, kommt die Zeit für die Geliebten.

Gewalt ist nicht nur institutionell, sie ist auch folkloristisch, eingebunden in Volksbräuche, womit sie eine Art Heimatrecht erhält. Bei den primitiven Völkern bedeuteten Initiativzeremonien eine Überprüfung des Erwachsenseins, der Befähigung zum Überleben, der Kraft, um mit den Wildtieren oder mit dem Feind es aufnehmen zu können. Von all dem verblieben ist nur die Freude an Schwierigkeiten, die wir einem jungen Mitglied der auserwählten Gesellschaft bereiten können, womit wir unsere (Über)macht und keineswegs irgendeine Fähigkeit des jungen Menschen für das selbständige Leben beweisen.

Ist die Neigung zur Gewalt angeboren? Mit dieser Frage sticht man in den andauernden Streit zwischen den Verfechtern des überwiegenden Einflusses der Genetik und jenen, die dem Einfluss des Milieus eine größere Bedeutung zuschreiben. Zum Konflikt fügt man nur die Feststellung hinzu, dass die Kapazität für das gewalttätige Verhalten im größeren Maße in die Wiege gelegt wird. Von dem Milieu hängt aber ab, ob diese Fähigkeit gefördert wird oder aber ihr konsequent Grenzen gesetzt werden.

Für die Gewalttätigkeit benutzt man zu oft verschiedenste Rechtfertigungen und vergebende Erklärungen. Ein paar Schläge schadeten Kindern

---

[1] Žižek, S.:*Gewalt*, Ljubljana:Analecta, 2007, S. 13. Während Žižek die globale Gewalt erörtert, stellt die gegenwärtige Essaysammlung die Gewaltansätze in besonderen Beziehungen und Situationen. Im Vergleich zu Bildern Žižeks, kann man die meiste dieser Gewalt als weniger bedrohend einschätzen. Trotzdem ist es schwer, der Schlussfolgerung auszuweichen, dass das Zulassen der weniger bedrohlichen Gewalt früher oder später zur globalen Gewalt kommt. Genau so kann man glauben, dass man wahrscheinlich viele Arten der ernsten Gewalt verhinderte, wenn man sorgfältig auf kleine Gewalt reagierte.

noch nie, ein Sportler muss einen entschlossenen Geist (und Körper) zeigen, als Soldat übte man die höchste Ehre und Pflicht aus – man verteidigte die Heimat, was mit dem Schonen des Gegners bzw. Feindes nicht zusammenpasst; als Politiker, vom Volk demokratisch gewählt, entscheidet man sich dafür, was dem Volk, zum größten Nutzen ist – man entfernte diejenigen, die einem geschadet haben und noch schaden könnten.

Alles Gesagte und noch Einiges dazu sind Masken, die, wenn wir sie aufsetzten, das gewalttätige Verhalten rechtfertigen. Diese Masken sind leider allgemein anerkannt und akzeptiert worden. Wer versuchte, sie den Akteuren abzunehmen und ihre wahren Gesichter zu zeigen, der riskiert Einiges. Zuerst die Negierung, dann die Kritik, den Rufmord, zuletzt die Verurteilung und den Ausschluss. Das berichten einige, die es gewagt haben. Aber jede Maske weniger bedeutet einen Schritt weiter zur toleranten und weniger konfliktbereiten Gesellschaft, einen Schritt zur Zivilisation, der uns besonders in heutiger Zeit gelegen käme. Deswegen sollten wir es wagen, alle zusammen, jeder nach seinen Kräften.

...Welche Häuser ich betreten werde, ich will zu Nutz und Frommen der Kranken eintreten, mich enthalten jedes willkürlichen Unrechtes[2]

So Steht seit Jahrhunderten der Eid des Hippokrates, in Einzelheiten einer Aktualisierung bedürftig, im Wesentlichen immer noch gültig. Aber die Versuchung des Bösen ist häufig stärker.

Frankfurtsche Tragödie

Im Herbst 2002 begann und endete das Drama innerhalb paar Tage. In Frankfurt am Main entführte Magnus Gaefgen, ein Jurastudent, den 11-jährigen Jakob, den Sohn des vermögenden Industriellen von Metzler. Er verlangte eine Million Lösegeld. Beim Verbrechen ging er mehr als dilettantisch vor. Die Polizei hat lediglich observiert, wie er kam, um das vereinbarte Geld abzuholen und nahm ihn kurzerhand fest. Die Geschichte endete aber nicht glücklich. Es bestand Hoffnung, dass das Kind lebt, es müsste nur in einer vernünftigen Zeit herausgefunden werden, wo der Entführer es versteckt hält.

Wolfgang Daschner, Polizist aus Frankfurt, der die Untersuchung leitete, sucht Hilfe in der Androhung. Er sagte zu Gaefgen, er würde Schmerzen erfahren, von denen er nicht zu träumen vermag. Dabei wird ein Arzt mitwirken, damit es keine sichtlichen Verletzungen geben wird. Der Entführer ist schon bei diesen Worten bald zusammengebrochen, aber das Kind war tot, denn er hat es bereits davor getötet.

Die Drohung des Polizisten begleitete noch eine andere Tatsache. Es handelte sich nicht nur um leere Worte. Ein Hubschraubertransport wurde vor-

[2] Ein Teil des Eides des Hippokrates; https://de.wikipedia.org/wiki/Eid_des_Hippokrates

bereitet für einen Polizisten, der sich zwar im Urlaub befand, aber als Spezialist für solche Fälle in die Ausführung der Folter einwilligte. Und schließlich wurde auf die Polizeiwache auch ein Arzt bestellt, der gefragt wurde, ob er bereit wäre zu kooperieren.[3]

Aus dem Urteil, (nicht nur für den Entführer, den es lebenslänglich traf, sondern auch für den Polizeichef, der die Folter anordnete, obwohl es dazu nicht kam) das später gefällt wurde, ist Folgendes offensichtlich: Für die Folter wurden konkrete Vorkehrungen getroffen.[4]

Der tragische Fall löste somit zwei Prozesse und zwei Urteile aus. Schon vor dem zweiten Urteil, mit dem das Gericht auch den Polizisten Deschner für schuldig befand, trat ein bedeutender Teil der öffentlichen Meinung für ihn ein und damit für die Folter unter – nach ihrer Überzeugung – für sie rechtfertigenden Umständen. Unter den Befürwortern dieser Art der Gefahrabwehr war eine Reihe bekannter Politiker, die den Polizisten verteidigten. Deswegen überrascht es nicht, dass die Frage des Arztes, der zur Polizeiwache gerufen wurde und der zwar nicht tätig wurde, größtenteils übersehen wurde (insofern dies in verfügbaren Quellen zu finden war). Es ist nicht zu erkennen, dass gegen die geplante Kooperation des Arztes bei der Folter irgendjemand wenigstens ethische Bedenken geäußert hätte.

Der Tod und das Mädchen

Begeben wir uns für einen Augenblick woandershin. Aus der grausamen Realität in die Welt der Kunst. Dort scheint es manchmal, dass man

[3] Der Fall wird ausführlich vorgestellt im Urteil *Respect for Human Dignity In Today's Germany;* Regional Court (Landgericht) of Frankfurt am Main, Decision of 20 December 2004, Daschner Wolfgang and E. Case (http://jicj.oxfordjournals.org/content/4/4/862.full.pdf), und im Artikel *The Daschner case and the rehabilitation of torture in Germany* (Justus Leicht, 13 December 2004; http://www.wsws.org/en/articles/2004/12/tort-d13.html).

[4] Punkt 25 des Urteils gibt folgenden Text an: „Concrete preparations were indeed made. The doctor was summoned to the police station and asked whether he was prepared to proceed. The special official was to be taken by helicopter from the place where he had been on holiday." *Journal of International Criminal Justice* 4 (2006), 862-65. Oxford University Press, 2006, http://jicj.oxfordjournals.org/content/4/4/862.full.pdf

aussteigen kann, wenn es zu düster wird und wenn die Taten unsere Vorstellungskraft übersteigen. Doch beschreibt das Kunstwerk lediglich das, was in Wahrheit passiert. Ist das Werk ursprünglich, erhält es bald das Spiegelbild in der wahren Welt.

Das Drama des argentinischen Schriftstellers Ariel Dorfman[5] *Der Tod und das Mädchen* wurde unter gleichem Namen vom Regisseur Roman Polanski verfilmt.

> „Während eines Gewitters sucht ein Arzt die Zuflucht im Haus eines Ehepaares. Die Ehefrau, die das Opfer der Gewalt der südamerikanischen Junta (eines nicht genannten Staates) war, ist immer mehr der Überzeugung, dass gerade dieser Arzt sie im Gefängnis folterte und mehrmals vergewaltigte. Dafür hat sie keinen handfesten Beweis, weil sie während der Folter stets verbundene Augen hatte, der Peiniger aber sprach nie. Nach dramatischen Verwicklungen gesteht der Arzt alles, was er getan hat und was ihm die Frau vorwirft."

Für das Verständnis „der Gewalt unter der Maske" sind seine Worte am aufschlussreichsten:

> „Es begann so, dass die Polizei Ärzte brauchte, die aufpassten, dass die Menschen, die gefoltert wurden, trotzdem überlebten. Der Bruder arbeitete bei der Geheimpolizei und so kam ich dazu. Tief in mir spürte ich, dass es anfängt, mir zu gefallen. Um mich herum waren Menschen

---

[5] Der Schriftsteller und Dramatiker Ariel Dorfman, geb. in Argentinien 1942, verließ aufgrund des politischen Widerspruchs des Vaters dem Juan Peron mit seinen Eltern im Alter von 2 Jahren die Heimat. Sie kehrten im Jahre 1954 während der McCarthys Ära nach Chile zurück. In den 80-er Jahren fing er mit dem Drama *Der Tod und das Mädchen* an, das zuerst 1991 in Chile, und noch im selben Jahr in London aufgeführt wurde. Obwohl als das beste Drama des Jahres 1991 prämiert, erlebte es in den USA keine besondere Anerkennung. Einige Jahre später wurde es von Roman Polanski unter dem gleichen Namen verfilmt (zusammengefast nach http://www.enotes.com/death-maiden/author-biography). Die amerikanische Zurückhaltung kann man sich erklären, wenn man bedenkt, welche Regimes in Südamerika von ihnen unterstützt wurden und für wie wichtig die Amerikaner die Achtung der Menschenrechte woanders in der Welt hielten.

> ohne Macht und standen zur Verfügung. Ich brauchte nicht freundlich zu sein. Die Frauen musste ich nicht verführen. Ich stellte fest, dass ich mich um die Menschen nicht mal kümmern muss. Ich besaß absolute Macht über sie. Ich konnte sie zwingen, dass sie, was auch immer, taten oder sagten. Ich wurde neugierig, wieviel diese Frau vor mir ertragen kann."

Der Arzt enthüllt durch das Gestehen seiner Gefühle die psychische Welt vieler Menschen. Kein besonderer Unterschied ist zwischen den geweihten und gewöhnlicheren Berufen feststellbar, genauso ist nicht erkennbar, dass die Menschen aus der akademischen Welt für die Versuchungen weniger empfänglich wären. Einer der bedeutenden Unterschiede besteht wahrscheinlich im gesellschaftlichen Milieu. Der höheren Gesellschaftsschicht, den Intellektuellen, in der Öffentlichkeit erkenntlichen Personen, allen solchen ist die Welt der Gewalt entfernter als zum Beispiel dem gesellschaftlichen Rand, dessen Angehörige die Gewalt jede Woche erleben können, wenigstens bei den Spielen unter den Fußballfans. Es kann sein, dass die Intellektuellen einen Teil dieses Mankos durch die Gewalt im familiären Milieu ersetzen. Und auch hier muss man aufpassen, dass die Ereignisse nicht an den Tag kommen.

Wenn die gesellschaftliche Aufsicht nachlässt, zeigt sich die Natur des Menschen. Niedrige Instinkte wählen weder die Angehörigkeit, noch Ausbildung, Beruf, Rasse, Religion oder ähnliche Eigenschaften.

Wo ist die Grenze zwischen dem Experiment, beziehungsweise der Erforschung und der Folter?

> „Wenn das Verursachen von Schmerzen einem Einzelnen der Mehrheit der Menschen von Nutzen ist, dann ist es absolut ethisch."
> Militärpsychologe [6]

[6] *Doctors oft he Dark Side;* Aussage des Militärpsychologen im Dokumentarfilm, http://www.imdb.com/video/withoutabox/vi1398709785?ref_=tt_pv_vi1.

Milčinski (Janez Milčinski, slowenischer Jurist und Arzt, 1913-1993) schreibt im Jahr 1982 erschienenem Buch *„Medizinische Ethik und Deontologie"*[7] Folgendes:

„/Bezüglich der medizinischen Experimente/ sind zwei Dinge beunruhigend: Die Feststellung, dass sowohl medizinische als auch Kultur- und Kirchenkreise unberührt und ohne den öffentlichen Protest diese Experimente akzeptierten und begleiteten / verfolgten, obwohl darüber die breiteste Öffentlichkeit informiert wurde; die Tatsache, dass derart Experimente auch nach dem Nürnberger Urteil nicht aufhörten ... Sie laufen noch heute, und es werden in weiterem Umfang neue gestartet."[8]

Wie sollte man den Forschungseifer werten, bezüglich der Angabe, dass in den 60-er Jahren des vorherigen Jahrhunderts in den USA die Experimente an mehr als 20.000 Verurteilten durchgeführt wurden, in denen ihnen u.a. Krebszellen injiziert wurden, dass Experimente an gesunden Schwangeren durchgeführt wurden, an geistig behinderten Kindern, dass den Säuglingen auch ohne medizinische Indikation Herzkatheter implantiert wurde?[9]

Milčinski bietet auf diese Frage eine unverlässliche, mindestens aber eine unvollkommene Antwort. Die Taten schreibt er „dem Feuer des Wissenschaftseifers, in dem der Forscher den Prinzip der Unantastbarkeit und des Respekts vor dem menschlichem Leben und der Gesundheit vergessen kann."[10]

Wenn der Arzt die Maske in der Form des weißen Kittels aufsetzt, ist ihm der Weg in den menschlichen Körper und Seele geöffnet. Dieser Weg ist zu verlockend, um auf ihn, steht er im Widerspruch zur Ethik, zu verzichten. Passierte das nur in Ausnahmefällen – laut Milčinski im Forschungseifer – hätten wir keine Zeugenaussagen über die Verstrickung der Ärzte in Folter bis zu heutigen Tagen.

---

[7] Milčinski,J.: *Medicinska etika in deontologija*, Ljubljana:Univerzum, 1982 (287 S.).

[8] Ib., S. 196.

[9] Ib., S. 197

[10] Ib., S. 197.

The New England Journal of Medicine berichtete im Jahr 2004 über immer mehr Beweise darüber, dass amerikanische Ärzte an Folter der im Irak, in Afghanistan und in Guantanamo Inhaftierten beteiligt sind.[11]

Nach vier Jahren Untersuchungen durch die Psychologin Martha Davis entstand der Dokumentarfilm *„Doctors oft he Dark Side" – Ärzte auf der dunklen Seite*. Es handelt von der bewiesenen Folter in den Gefängnissen von Guantanamo und Abu Ghraib. Der Film zeugt davon, dass derartige Folter ohne die unmittelbar beteiligten Ärzte hätte nicht ausgeübt werden können. Diese haben Foltermethoden entwickelt und beaufsichtigt, gleichzeitig erhielten sie am Leben diejenigen, die als wichtig erschienen (als vermeintliche Informationsquelle)

Ärzte in Spanien

Das Jahr 2012 war für Spanien erschütternd. Immer überzeugender haben sich die Vorahnungen über entführte Säuglinge bestätigt. Seit Anbeginn der Diktatur Francos, also seit dem zweiten Weltkrieg, bestand die Verschwörung, geschmiedet zwischen der Kirche und dem medizinischen Personal der Entbindungskliniken. Vielen Müttern, zuerst vor allem jenen, die aus dem „linken" Milieu stammten, wurde mitgeteilt, dass das neugeborene Kind verstorben sei. In Wahrheit wurden die lebendigen und gesunden Säuglinge in Absprache mit den Ärzten und anderem medizinischen Personal von den Nonnen wortwörtlich entführt und dann für hohe Summen an die vermögende kinderlose Familien verkauft.[12]

„Dafür, dass man einen (gestohlenen) Säugling bekam, bedurfte es nur eines Arztes, der bereit war dies zu tun, und einer Nonne."[13]

---

[11] Lifton,R.J.: Doctors and Torture; *New England Journal of Medicine*, 351: 415-416, July 29, 2004, http://www.nejm.org/doi/full/10.1056/NEJMp048065.

[12] http://www.heraldsun.com.au/news/nun-charged-over-baby-kidnapping-scandal-spanning-40-years/story-e6frf7lf-1226302469433

[13] So berichtet die Journalistin Natalia Junquera, die die Kindesentführungen untersuchte und den Ursprung in der Idee beim Spanischen Psychiater Antonio Vallejo Najera fand. Dieser studierte in Deutschland in den 30-er Jahren des vorherigen Jahrhunderts. Seiner Meinung nach sollte man linksorientierten Müttern die Kinder wegnehmen, ansonsten würde sich der Same

Die Zeitung *Daily Mail* berichtete über die Entdeckungen der Journalistin Katya Adler, die einen beinahe ein halbes Jahrhundert andauernden Raub und Verkauf der Säuglinge untersuchte.[14]

Davon, wie stark diese verbrecherische Seilschaft war, zeugt auch die Tatsache, dass die Entführungen bis zum Ende der 80-er Jahre geschahen, also einige Jahre nach Francos Tod. Diese traurige Tatsache könnte man auch dem außerordentlichen Einfluss der katholischen Kirche auf das öffentliche Leben in Spanien zuschreiben. Bis zum Jahr 1950 sollten an die 30.000 Säuglinge entführt worden sein, bis zum Ende 1980 um die 300.000. Die Adoptionen wurden bis zum Jahr 1987 von den Krankenhäusern geregelt, erst danach gingen sie in die Zuständigkeiten der Regierung über.

Das Treiben der Ärzte kam an den Tag, als zwei Spanier feststellten, dass sie als Säuglinge entführt wurden. Der Vater des einen gestand an seinem Sterbebett, dass er ihn von einem Geistlichen in Zaragoza gekauft hatte. Auf dem Weg hin wurde er von einem Freund begleitet, der bereits vorher einen Säugling kaufte. Für den Säugling zahlte er so viel, wie damals eine kleinere Wohnung gekostet hatte. Nachdem die zwei Spanier über diese Erfahrung sprachen, fingen an, sich in ganz Spanien Mütter zu organisieren, deren Säuglinge nach Beteuerungen der Ärzte oder Nonnen, die in den Entbindungskliniken arbeiteten, bei der Geburt gestorben seien. Beim Öffnen der Gräber angeblich gestorbener Säuglinge hat sich gezeigt, dass sie entweder leer, oder mit Knochen von Erwachsenen oder Tieren gefüllt waren.[15]

Heute laufen in Spanien 900 Gerichtsprozesse im Zusammenhang mit den entführten Säuglingen. Es wird vermutet, dass viele die Überprüfung der Echtheit ihrer Väter und Mütter nicht wollen, weil sie Angst haben, dass ihre Eltern bei ausschließenden Feststellungen als Kriminelle gälten.[16]

---

des Marxismus ausbreiten. Quelle: http://www.npr.org/2012/12/14/167053609/families-of-spains-stolen-babies-seek-answers-and-reunions.

[14] Die BBC drehte einen Dokumentarfilm mit dem Titel This World: *Spain's Stolen Babies,* in dem wir der Geschichte von Randy Ryder folgen, der versucht herauszufinden, ob gerade er einer der entführten Kinder sei. Heute ist er 40 Jahre alt, er wuchs in Texas auf. In Spanien begegnet er Manoli Pagador, der vermutlichen leiblichen Mutter. Zusammengefasst nach: Polly Dunbar: *300.000 Babies Stolen,* http://www.dailymail.co.uk/news/article-2049647/BBC-documentary-exposes-50-year-scandal-baby-trafficking-Catholic-church-Spain.html.

[15] Ib.

[16] Ib.

Wie dieser tragische Teil der jüngeren spanischen Vergangenheit immer mehr Beachtung findet und immer weniger zugedeckt wird, beweisen auch Kunstwerke. Die österreichische Dramaturgin Angelika Messner schrieb das Libretto für die Oper El Juez (*Los ninos perdidos*) – *Der Richter (Die verlorenen Kinder)*, die Musik stammt auch aus der Feder eines österreichischen Komponisten, Christian Kolonowits. Die Uraufführung mit phänomenalem Erfolg fand in Spanien, in Bilbao, im April 2014 statt. In der Rolle des Richters trat der berühmte Tenor, Spanier (was eine wichtige Botschaft ist), Jose Carreras auf. Es handelt sich um ein kritisches Werk über den Regime Francos, der den Samen des Übels noch Jahrzehnte nach dem Tod des Diktators hinterließ.[17]

Zwangsbehandlung der Homosexualität

Im Herbst 2010 wurde die Anklageeingereicht, im Juni 2013 wurde der Prozess mit der Hauptverhandlung fortgesetzt, in dem die Psychiaterin Mirjana Vulin, die ehemalige Direktorin des kroatischen psychiatrischen Krankenhauses Lopača, angeklagt wurde.[18]

Im Jahr 2003 wurde die 16-jährige Ana Dragičević ins Krankenhaus gebracht. Sie wurde von den Eltern gebracht, die behaupteten, sie sei drogenabhängig. Der Grund war aber ein ganz anderer. Ana hatte eine intime

---

[17] Die Geschichte erzählt von einem Richter, der als Waisenkind aufwuchs. Man erzählte ihm, seine Eltern waren Opfer der linken Terroristen, er aber zweifelt immer mehr daran. Als er in einem Moment über das Schicksal der kirchlichen Archive entscheiden muss, entscheidet er auf Druck einer extrem rechten Organisation, dass die Archive geschlossen bleiben. In der Fortsetzung stellt sich heraus, dass auch er einer der vielen gestohlenen Kinder ist und dass eine Versöhnung nur durch das Aufdecken der Wahrheit möglich ist. Quelle: http://josepcarreras-tenor.blogspot.it/2014/04/waiting-for-el-juez-plot-brief-video.html.

[18] Der Fall wurde in zahlreichen Medien dargestellt. Nach dieser Geschichte wurde im Jahr 2010 gedreht und vorgeführt der Dokumentarfilm von Ljubica Janković Lazarić *Zašto? (Warum?*) Mehr auf: http://www.slobodnadalmacija.hr/Hrvatska/tabid/66/articleType/ArticleView/articleld/116296/Default.aspx oder
http://novine.novilist.hr/Default.asp?WCI=Rubrike&WCU (Der Bericht stammt aus der Zeit, als der Hauptprozess gegen die angeklagte Mirjana Vulin begann, im Frühjahr 2013). Zur Zeit des Entstehens dieses Buches (Oktober 2014) war der Fall noch nicht abgeschlossen.

Freundin, die Eltern waren aber nicht bereit, ihre gleichgeschlechtliche Orientierung weder anzunehmen noch zu tolerieren. Sie wurde gegen ihren Willen hospitalisiert und weil sie noch nicht volljährig war, reichte die elterliche Zustimmung für die Behandlung in der Psychiatrie, wo sie einbehalten wurde, aus.

Kurz vor ihrer Volljährigkeit, nach der 2-jährigen Behandlung, wurde sie entlassen, aber die Eltern brachten sie kurz darauf wieder ins Krankenhaus. Sie behaupteten, sie habe Verhaltensstörungen und läuft von Zuhause weg. Im psychiatrischen Krankenhaus verbrachte sie gegen ihren Willen und bereits volljährig weitere drei Jahre.

Nachdem dieser Fall bekannt wurde, kam es zum Druck der Öffentlichkeit und Direktorin Vulin wurde ausgetauscht, behielt aber weiterhin die Arbeitsstelle im Krankenhaus. Der neue Direktor schrieb einen Tag nach der Übernahme der Krankenhausleitung den Entlassungsschein für Ana Dragičević.

Der Arzt, der sie kurz vor ihrer Entlassung behandelte, äußerte, zu der Zeit bestand kein Grund für ihre Hospitalisierung. Die Therapie, die noch heute nötig ist, wird ausschließlich für das Lösen von Problemen durchgeführt, die aufgrund des Aufenthaltes in dem psychiatrischen Krankenhaus entstanden.

Ana Dragičević beschreibt therapeutische Verfahren, unter denen Fixierung ans Bett und Zwangsjacke üblich waren. Weil sie als minderjährige nicht von den älteren Patienten getrennt wurde, wurde sie somit auch deren Gewalt ausgesetzt.

Zur Zeit der Entstehung dieses Buches (2014) laufen ein Strafverfahren gegen die Direktorin und Ärztin Mirjana Vulin und ein Entschädigungsantrag wegen der unrechtmäßigen Verwahrung im psychiatrischen Krankenhaus. Ungeachtet dessen, dass die Weltgesundheitsorganisation die Homosexualität bereits vor fast einem Viertel Jahrhundert (1990) von der Liste der psychischen Krankheiten gestrichen hat, sind die Vorurteile mancherorts so stark, dass sie das Fachgebiet übertönen. Wenn die Institution, hierarchisch in ihrer Struktur, wie das Krankenhaus im Allgemeinen ist, besonders noch das psychiatrische, die Vorurteile und Aggressivität gegen „Andersgeartete" fördert, dann kann nur die starke Überwachung der allgemeinen und der fachlichen Öffentlichkeit in konkreten Fällen die Gewalt eingrenzen.

Ist *Einer flog über das Kuckucksnest* ganz in unserer Nähe noch heute aktuell?[19]

Zwangsbehandlung von Gustl Mollath

Die Zwangsbehandlung ist kein „Balkan" - Einzelfall. Im Jahr 2006 verurteilte das Kreisgericht Nürnberg den damals 50-jährigen Gustl Mollath wegen der Gewalt an Ehefrau. Dabei wurde festgestellt, dass es sich bei ihm um eine paranoide Persönlichkeit handle, aufgrund der er in das psychiatrische Krankenhaus eingewiesen wurde. Mollath stritt die Gewalttätigkeit ab, wies aber durchgehend auf die Straftaten in der HypoVereinsbank hin,

[19] Eine psychiatrische Einrichtung. Zur leisen klassischen Musik verläuft das tägliche Ritual der Medikamentenvergabe. Patienten nehmen sie fast mit Dankbarkeit, wie eine Hostie, entgegen. Es folgt die Gruppentherapie, geführt von der Oberschwester. Dem Anschein nach verläuft alles in einer demokratischen Atmosphäre, in der jeder seine Meinung äußern kann. Aber von der einer bis zur nächsten Sitzung werden die gleichen Rollen, dieselben Probleme durchgespielt – insofern sie die wenigen Einzelnen darzulegen und andere Patienten zu verstehen vermögen - ohne die Möglichkeit, eine Lösung zu sehen. Als ob die Therapeutin darauf achtet, dass alles eine vorgeschriebene Form ohne Inhalt bleibt. Diese Routine des Friedens wird durch den Neuankömmling, McMurphy, gestört, dem es eine entsprechende Diagnose zu stellen gilt. Aus dem Gefängnis, wo er Schwierigkeiten machte, wurde er hierher zur Beobachtung geschickt. Der Inhaftierte des Unruhigen Geistes bringt die statuierten Muster bald zum Fall und das Machtspiel beginnt. Die leitende Oberschwester verliert nach und nach die Kontrolle über die Gruppe, die immer mehr von McMurphy geführt wird. Dann wird eine Lösung angeboten. Die Kommission, bestehend aus einigen Psychiatern, dem Krankenhausdirektor und der Oberschwester, trifft sich, um McMurphys Verhalten und Persönlichkeit einzuschätzen. Nach der Meinung aller Psychiater ist er absolut normal und ohne Anzeichen einer psychischen Krankheit. Er wird aber einstimmig als gefährlich eingestuft. Direktor entscheidet, dass man McMurphy zurück ins Gefängnis schickt. Diese Entscheidung müsste besonders für die Oberschwester, der der lästige Patient alle therapeutischen Gruppen unterminierte und die Autorität untergrub, eine echte Erleichterung bedeuten. Es kommt aber zur „Formanschen Wende". Die Therapeutin macht mit einer ruhigen, beinahe zärtlichen Stimme alle anwesenden darauf aufmerksam, dass das Problem damit nur auf andere überlagert wird. Uns allen ist es aber bewusst, dass man so etwas nicht tun will. Deswegen möchte sie ihn in der Psychiatrie behalten, fest davon überzeugt, ihm helfen zu können. Die Mitarbeiter stimmen dem Vorschlag zu, McMurphy bleibt im Krankenhaus und es zeigt sich, wer die Macht, die Gewalt und das letzte Wort hat. Nachdem bei ihm die Lobotomie durchgeführt wird er von dem des Menschen unwürdigen Leben von einem Leidensgenossen erlöst.

wo auch seine Frau arbeitete, die bei der Geldwäsche geholfen haben sollte. Dabei wies er auf ein kompliziertes Netz hin, das von der Bank erschaffen wurde, um ihre illegalen Tätigkeiten zu verschleiern. Dieses Bild zeugte nach der Meinung des Gerichts überzeugend von Mollaths Paranoia.

Wie in einigen ähnlichen Fällen, spielten auch in diesem die Medien entscheidende Rolle. Die Umstände der Verurteilung Mollaths und seine Angaben wurden untersucht. Es zeigte sich, dass alles, was er über die Bankgeschäfte sagte, wahr war. Die Bank versteckte den Revisionsbericht. Zusätzlich wurden ernste Rechtsbeugungen festgestellt. Die Ärztin, die das Gutachten über die Verletzungen von Mollaths Ehefrau ausstellte, hat sie nie untersucht. Der Richter hat unter anderem verhindert, dass die Steuerbehörde Mollaths Angaben in Nürnberg überprüft.

Als die Geschichte Ende 2012 in den slowenischen Medien[20] veröffentlicht wurde, war Mollath immer noch in der Psychiatrie eingesperrt. Im Februar folgenden Jahres wurde der Strafverfahren von dem Oberlandesgericht Nürnberg wieder aufgenommen und im August 2013 die sofortige Entlassung des Verurteilten angeordnet.[21] Dabei kamen Einzelheiten an den Tag, weswegen auch die Stellung der bayrischen Justizministerin fraglich wurde. Der vorsitzende Richter musste gestehen, dass er dem verurteilten Mollath keine entsprechende Verteidigung erlaubte. Auch sein Einfluss auf die Verhinderung der Aufdeckung der Bank- und Steuerungereimtheiten wurde untersucht.

Im Herbst 2014 wurde ein neuer Prozess vor dem Gericht in Regensburg angefangen, in dem das Gericht feststellen sollte, was alles im ersten Gerichtsprozess falsch entschieden wurde und wie es passieren konnte, dass der Verurteilte sieben Jahre in der Psychiatrie verbrachte.[22]

Auch dieser Fall bestätigt die Tatsache, dass man eine sorgfältige und genaue Aufsicht der Arbeit von Institutionen errichten muss. Es handelt sich nicht nur um die richterliche Aufsicht, die in der Gesetzgebung bei einem

---

[20] Vaupotič, V.: Je po krivici zaprt na psihiatriji? (Ist er zu Unrecht eingesperrt in der Psychiatrie? *Dnevnik*, 3. 12. 2012, S. 25.

[21] http://www.spiegel.de/panorama/justiz/gustl-mollath-chronologie-von-der-anzeige-bis-zur-freilassung-a-97.

[22] http://www.spiegel.de/panorama/justiz/mollath-prozess-anwalt-strate-will-nicht-pflichtverteidiger-sein-a-98.

Strafverfahren bereits vorgesehen ist. Was Gerichte betrifft, muss aufgepasst werden, dass man sich nicht die Aufsicht zu eigen macht, die einem nicht zusteht. Jedenfalls ist aber die Bestimmung des investigativen Journalismus, in komplizierten und vielbeachteten Fällen zur Aufdeckung der Wahrheit beizutragen. Eigentlich auch in weniger beachteten Fällen, denn dort die Missbrauchsmöglichkeiten noch größer sind. Die Verbindung zwischen Gerichten und Psychiatrie ist seit eh und je verlockend. Sie ist zulässig und gesetzlich geregelt, in manchen Fällen sogar unumgänglich. Genau deswegen mag sie als Verlockung für den Missbrauch der Menschenrechte wirken, wenn sich im Hintergrund besondere Interessen verstecken, wie im beschriebenen Fall - das Verschleiern von umfangreichen illegalen Bankgeschäften und die Mitwirkung der Ehefrau des Patienten.

Ärzte als intellektuelle und moralische Elite

Der Beruf des Arztes ist etwas Besonderes. Er rettet das Kostbarste und ist dabei oft erfolgreich. Deswegen gibt es Augenblicke, wenn wir alle Hoffnungen berechtigterweise in ihn setzen. Es ist verständlich, dass er die Rolle des guten Gottes spielen kann. In vielen Situationen können wir sein Wissen durch nichts und niemand anderen ersetzen. Es scheint aber, dass eine solche Position bei manchen Ärzten mit der Zeit einiges Schlechtes erzeugt. Der Wunsch nach Geld, autoritärer Charakter, Überheblichkeit, Benennung der Patienten lediglich nach Symptomen oder nach der Krankheit, ausgeprägt hierarchische Struktur mit entsprechenden zwischenmenschlichen Beziehungen auch innerhalb des medizinischen Personals, Solidarität bei der Verdunkelung der Behandlungsfehler – das alles sind gelegentliche Begleiterscheinungen dieses Berufes.

Je weniger Mut bei der Aufdeckung dieser Abwege gezeigt wird, desto mehr werden diese Erscheinungen zur Normalität. Dazu tragen allgemeine gesellschaftliche Verhältnisse bei, besonders wenn die Werte der Solidarität verloren gehen, weil man sie durch die neoliberalen Prinzipien der vollen und ausschließlichen Verantwortung eines jeden für sein Schicksal ersetzen.

Aber auch in der Vergangenheit, als es uns schien, dass die Werte des Humanismus mehr in den zwischenmenschlichen Beziehungen eingewoben waren, war einiges nicht ehrlich.

Im Jahr 1970 erschien das Buch mit dem Titel *Medizinisches Sachverständigenwesen.*[23] Der Autor ist Janez Milčinski, promovierter Jurist und promovierter Mediziner, unter anderen Ämtern hatte er auch das Amt des Präsidenten der Slowenischen Akademie der Wissenschaft und Kunst inne. Als Experte für die Gerichtsmedizin beschäftigte er sich mit zahlreichen Fällen, bei denen ein Straf- oder Vorstrafprozess im Gange war, aufgrund des Verdachts auf unterlassene Hilfeleistung seitens der Ärzte oder des Verdachts auf einen Kunstfehler.

In der reichen Gutachtensammlung kann man kaum eine solche finden, die für den Arzt oder anderes medizinisches Personal belastend wäre. Einige unter ihnen hinterlassen einen bitteren Beigeschmack bei jedem, der die Argumentation des Gutachters genauer liest. Lassen Sie mich nur eins dieser Gutachten zusammenfassen.[24]

Eine Gebärende, 34-jährige Mutter dreier Kinder, willigte in den Kaiserschnitt ein, weil die vierte Geburt trotz starker Wehen nicht wie gewöhnlich verlief. Während der OP, die zwar Routineeingriff ist (Anm. des Gutachters J.M.), kam es zur starken Blutung, die aber entsprechend gestillt wurde, sodass ein gesundes Kind geboren wurde. Bevor die Bauchhöhle geschlossen wurde, meldete eine OP-Schwester, dass eine kleine Kompresse fehlt. Der operierende Arzt und sein Assistent fingen an, sie im Bauch zu suchen. Zur selben Zeit meldete ein Sanitäter, er habe die vermisste Kompresse gefunden und der operierende Arzt schloss die Bauchhöhle. Zwischen dem zweiten und dem vierten Tag nach der OP verschlechterte sich der Zustand der Patientin erheblich. Nachdem sie nach vier Tagen aufgrund des Verdachts

[23] Milčinski, J.: *Medicinsko izvedenstvo (Medizinisches Sachverständigenwesen): Zbirka izvedenskih in strokovnih mnenj s področja sodne medicine in drugih medicinskih strok, toksikologije in medicinske kriminalistike (Gutachten- und Expertenmeinungsammlung auf dem Gebiet der Gerichtsmedizin und anderen medizinischen Fachgebieten, Toxikologie und der medizinischen Kriminalistik),* Ljubljana: Universität in Ljubljana, 1970 (S. 212).

[24] Ib., Gutachten Nr. 50: Im Patienten verbliebene OP-Kompresse; Prozess gegen die Mitglieder des Operationsteams S. 183–193.

auf zusammengeklebtes Gedärm wieder operiert wurde, fand der operierende Arzt in der Bauchhöhle eine große Operationskompresse mit den Maßen 70 x 30 cm. Diese hat unumstritten verursacht, dass die Patientin eine viertel Stunde nach dem Ende der zweiten OP verstarb.

Das Gutachten, ausgearbeitet von Dr. Janez Milčinski, beschäftigt sich zuerst umfangreich mit der Frage der präventiven Maßnahmen gegen den Verlust des OP-Materials. Dabei betont der Autor, es habe sich eine Norm gebildet, nach der ein solcher Fall auf zwei- bis fünftausend OPs unausweichlich sei. Würde es sich um einen solchen Fall alle tausend OPs handeln, bedeutete dies, dass auf der Station oder in Team nicht alles stimmt.[25] Zusätzlich ist bei allen Kontrollmechanismen und -systemen „bisher kein solches bekannt, das in einem oder anderem Fall nicht versagen würde"[26].

Als eine weitere Veranschaulichung der Verhältnisse beschreibt der Sachverständiger Fälle, die belegen, dass die besagte Kompresse noch bei weitem nicht unter die größten Teile der OP - Gewebestoffe gehört, die jemals in einem Patienten verblieben. Es wurden Fälle mit erheblich größeren Stücken beschrieben, z.B. mit zwei Kompressen in Größe 80 x 100 cm.[27] Solche Ereignisse kommen auch in besteingespielten Teams auf den am modernsten organisierten OP - Stationen und unter den Händen der größten Chirurgen vor.[28]

Der Sachverständiger lenkt, meiner Meinung nach, die Aufmerksamkeit von den wesentlichen Fragen geschickt ab. Auch wenn ein solcher Fall nur einmal auf 10.000 OPs vorkommt, bleibt nach wie vor die Grundfrage der Verantwortung für das vergessene Instrument oder Equipment im Körper des Kranken. In den meisten Fällen kann man glauben, dass es sich um eine unbewusste Fahrlässigkeit handelt, also um Situationen, in denen der Arzt überhaupt nicht weiß, dass etwas schieflief, dass ein Teilchen oder sogar ein größerer Teil im Körper verblieb. Dennoch wird er auch von dieser Tatsache nicht von der Verantwortung entlastet. Alles, was dazugehört – das Dramatische einer OP, wie sie der Sachverständiger beschreibt, wenn man sich au-

[25] Ib., S. 183

[26] Ib., S. 188.

[27] Ib., S. 188–189.

[28] Ib., S. 189.

genblicklich für das entsprechende Handeln bei starker Blutung entscheiden muss, wenn alles mit Blut durchtränkt und schwer erkennbar ist, weil die Bauchhöhle zahlreiche Taschen und schwer zugängliche Ecken hat – das alles sind lediglich die zu berücksichtigende mildernde Umstände. Diese können zu einer milden Sanktion im Sinne der Strafrechtlichen Reaktion führen, es kann sich aber nicht um Umstände handeln, die denjenigen von der Schuld entlasten, der im Körper des Patienten die Kompresse hinterließ, sie aber keinesfalls hinterlassen dürfte. Und noch absurder erscheint, dass man bei bestimmter Zahl der OPs schon im Voraus nach irgendwelchen Standards einen Todesausgang akzeptieren sollte, ohne dafür die Verantwortlichkeit zu ermitteln.

Nach dem verfassten Gutachten wurde der Prozess gegen die Angeklagten fallengelassen.[29]

> Mitte der 70-er Jahre war ich der Gerichtsanwärter am Gericht in Ljubljana. Ich erinnere mich gut daran, dass Dr. Janez Milčinski als der Gutachter galt, dem nicht widersprochen wurde. Außergewöhnlicher internationaler Ruf, den er wegen seiner Fachkenntnisse besonders auf dem Gebiet der Gerichtsmedizin genoss – und auch als Autor der *Medizinischen Ethik und Deontologie*[30] –, die Mitgliedschaft in den zahlreichen ausländischen Akademien und fünf jugoslawischen, all das schuf den Status, der das Verlangen nach einer zweiten Meinung praktisch verhinderte. Renommierter Doktor der Medizin und für den Eindruck beim Gericht zusätzlich promovierter Jurist, waren (zu) schwere Bürden für jemanden, der es gewagt hätte, die Gültigkeit seiner Gutachten anzuzweifeln.

Eine schwierige Frage, der man nur schwer ausweicht ist, ob solche Gutachten heute den Weg einigen Phänomenen gepflastert haben, die aufgrund der Demokratisierung wenigstens bestimmter Bereiche sichtbar werden, als sie es in der Vergangenheit waren. Der Fall Bor Nekrep legte manch Beschriebenes bloß. Einige Einzelnen, die sich damit beschäftigten, traten von

[29] Ib., S. 190.

[30] Milčinski, J.: *Medicinska etika in deontologija,* Ljubljana: Univerzum, 1982 (S. 287).

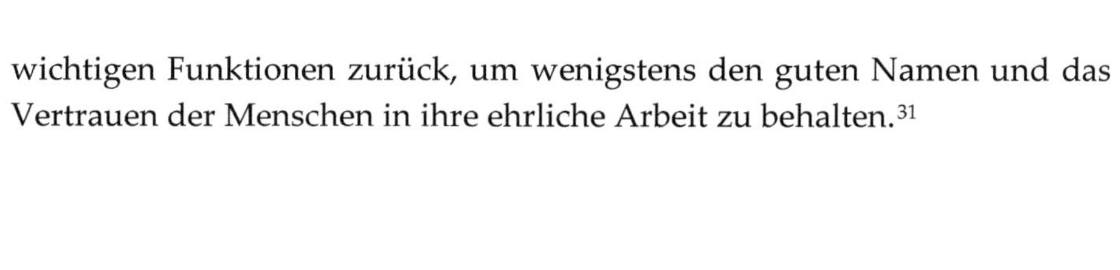

wichtigen Funktionen zurück, um wenigstens den guten Namen und das Vertrauen der Menschen in ihre ehrliche Arbeit zu behalten.[31]

[31] Der Arzt Prof. Dr. Miro Denišlič war der Vorsitzende des Schiedsgerichts, das den genannten Fall behandelte. Laut Presse im Januar 2010 teilte er in der Rücktrittserklärung der Vorsitzenden der Ärztekammer Slowenien Gordana Živčec Kalan mit, zu dieser Entscheidung führten die »Ereignisse der letzten Monate, mit unfruchtbaren Diskussionen, in denen die Führung der Ärztevereinigung Slowenien kein schönes Wort für die aufopfernde, fachmännisch vertiefte und ehrliche Arbeit des Schiedsgerichtes fand, (http://www.dnevnik.si/slovenija/v-ospredju/1042332249).

Die Psychiatrisierung der Gesellschaft und der Individuen – Temperament als Diagnose

Robert Torre, ein kroatischer Psychiater, sprach in einigen Beitragsreihen für die Medien im August 2014.[32] Sein Schreiben erweckte unter dem ärztlichen Kollegium Wellen der Empörung. Aber wie es sich zeigte, hielt er der gegenwärtigen Zeit, der Rolle der Psychiatrie und ihrer beinahe absoluten Abhängigkeit von der Pharmazie lediglich den Spiegel vor. In den Protokollen betrachtet er die Daten aus den USA genauer. Weil die dortigen pharmazeutischen Gesellschaften die große Welt beherrschen, sind die Resultate für die Verhältnisse, sei es in Kroatien oder in Slowenien, genauso bedeutend.

Das psychiatrische diagnostische Handbuch aus dem Jahr 1952 beinhaltet 106 psychiatrische Diagnosen, in der 5. Ausgabe von 2013 sind es bereits 312. Diese 200 neuen psychiatrischen Störungen wurden natürlich nicht „entdeckt", sondern vereinbart.[33]

Im Jahr 1986 wurden in den USA Antidepressiva und Antipsychotika in Höhe von zusammen 500 Millionen $ verkauft, 2004 waren es bereits 20 Milliarden $.[34]

Das amerikanische Nationalinstitut für Psychotherapie führte in den Jahren 2001 bis 2003 eine Untersuchung durch, bei der festgestellt wurde, dass fast die Hälfte der Personen (46%) an einer psychischen Krankheit oder Störung litt. Die meisten davon an einer Angststörung, weniger als die Hälfte an Abhängigkeit, dazwischen liegen noch Störungen der Impulskontrolle und Störungen der Affektivität.

---

[32] Torre, R.: Prava istina o psihiatriji (Die echte Wahrheit über die Psychiatrie), *Nedjelnji jutarnji list*, 10. 8. 2014, S. 46–47. Im Original stand mir nur dieses Zeitungsexemplar zur Verfügung, das die zweite von fünf Beitragsreihen veröffentlichte; weitere Angaben fasse ich laut Internetnachrichten zusammen.

[33] Rebernik, A.: *Psihiatrizacija družbe ne vodi k mentalnemu zdravju, temveč povečanju duševnih motenj, (Psychiatrisierung der Gesellschaft führt nicht zu mentaler Gesundheit, sondern zum Anstieg der psychischen Störungen)* www.siol.net/novice/rubikon/siolov_intervju/2014/09/robert_torre_hrvaski _psihiater_o_psihiatriji.aspx.

[34] Ib.

Der Anteil der Europäer in dieser Pathologie ist etwas niedriger und beträgt „nur" 27%.[35]

Kein ernsthafter Wissenschaftler spricht von Epidemien, die von einem äußeren Faktor verursacht ausgelöst würden. Als Gründe werden vor allem die diagnostische Hyperinflation, das Entdecken „neuer" Krankheiten und die sog. Psychiatrisierung der Normalität angeführt.[36] Der immer größere Medikamentengebrauch steht im engen Zusammenhang sowohl mit einer immer größer werdenden Liste von psychischen Krankheiten und Störungen als auch der Diagnostizierung von Krankheiten in allen Bevölkerungsgruppen, obwohl es z.B. viele Jahre üblich war, manche Störungen nur bei Kindern zu behandeln.

Ein solches Beispiel ist das ADHS-Syndrom (*Aufmerksamkeits-Defizit-Hyperaktivitäts-Störung*), was bedeutet, dass das Kind Konzentrationsschwierigkeiten hat und motorisch übertrieben aktiv ist. Solche Kinder haben in der Schule zahlreiche Probleme. Kurzandauernde Konzentrationsfähigkeit, motorische Unruhe und Impulsivität setzen ihnen zu; das alles beeinflusst das Lernen, das Verhalten und die emotionale und gesellschaftliche Anpassung an die Umgebung. Lehrer berichten, dass diese Kinder die Aufgaben nur oberflächlich überfliegen, dass sie die Details nicht genau genug betrachten, dass deren Verhalten störe, dass die Hausaufgaben nicht vollständig gemacht werden und, dass sie beim Kontakteknüpfen mit Gleichaltrigen im Rückstand seien.[37]

Im Oktober 2014 organisierte die Vereinigung slowenischer Psychotherapeuten die 14. Bregant Tage, ein regelmäßiges Symposium, das alle zwei Jahre stattfindet. Unter den Teilnehmern sind auch Fachleute aus dem Ausland. Einer der Vorträge ging über *ADHS bei Erwachsenen und dessen Behandlungsmöglichkeiten*.[38]

---

[35] siehe Quelle 32, S. 46

[36] Kesič, K.: Hiperaktivnost – kaj je sindrom ADHD, *Viva, portal za zdravo življenje*, 02.11.2010, http://www.viva.si/Otro%C5%A1ke-bolezni-Pediatrija/172/Hiperaktivnost-kaj-je-sindrom-ADHD

[37] Ib., S.46

[38] Mrevlje, G.: *ADHD pri odraslih in možnosti obravnave*, zbornik *Bregantovi dnevi*, ur. Srpak, M., Sernec, K., Ljubljana: Združenje psihoterapevtov Slovenije, 2014, S. 50 - 56.

Dabei ging es um die Behandlung dieser Störung in Zusammenarbeit mit dem pharmazeutischen Unternehmen Eli Lilly, einer Gesellschaft mit internationalen Beziehungen.[39]

Auch in diesem Fall wurde bestätigt, wovor Torre warnt. Die Psychiatrisierung breitet sich auf bisher „absolut gesunde" Subjekte aus. Vor dieser Gefahr warnte auch der Referent, der schrieb, „dass wir Zeuge eines Phänomens sind, bei dem immer mehr Aspekte des menschlichen Verhaltens als Störung kategorisiert werden, die dann natürlich eine Therapie abverlangt ".[40] ADHS ist als Störung und chronische Krankheit für die Pharmaindustrie, der sich damit eine neue Marktnische eröffnet, interessant geworden.[41]

Im konkreten Fall – den Bregant Tagen – handelt es sich seit vielen Jahren um eine Fachtagung, die sich an Psychotherapeuten richtet. Diese behandeln die Probleme der Patienten bzw. Klienten vor allem durch Gespräche, die Grundwerkzeug und Therapie sind. Ist der Psychotherapeut nicht gleichzeitig Psychiater oder Arzt, wird er nur beim ernsten Verdacht, es handle sich um eine psychische Krankheit, den Menschen zum Psychiater schicken, der eine Medikation in Erwägung ziehen soll. Aber auch auf derartige Kongresse hat sich die Pharmaindustrie wortwörtlich aufgedrängt, die mithilfe von Psychiatern den bisher normalen Menschen Bezeichnungen psychischer Störungen und Krankheiten anheftet, für die Medikamente notwendig sind.

Werbebroschüren, die bei der genannten Fachtagung von der pharmazeutischen Gesellschaft ausgelegt wurde, stellen fest, dass die Störung ADHS bei 2-5% der Erwachsenenpopulation vorkommt, was diese Störung auf eine Stufe mit der klinischen Depression stellt. Bei dem empfohlenen Medikament wird vor folgenden Nebenwirkungen gewarnt: Auftreten von Selbstmordversuchen und Selbstmordgedanken, Aggressivität und Affektlabilität; häufige Erscheinungen sind Bauchschmerzen, Übelkeit, Hypertonie und Herzrasen.[42]

---

[39] Faltblatt der pharmazeutischer Gesellschaft Eli Lilly

[40] Quelle unter P. 35, S. 52

[41] Ib., S. 52

[42] siehe Fußnote 39; Beipackzettel zu Risiken und Nebenwirkungen des Medikaments Strattera

Die Werbebroschüre führt unter anderem folgende Elemente des klinischen Bildes der Störung ADHS bei Erwachsenen an: widmet Details keine Aufmerksamkeit, führt Aufgaben nicht vollständig aus, hat Probleme beim Organisieren von Aufgaben und Tätigkeiten, spricht zu viel, spricht ohne nachzudenken, stört oft oder mischt sich ein, tut sich schwer zu warten, um an die Reihe zu kommen.

Können wir uns die heutige Zeit, ungnädig zu hunderttausenden Arbeitern, vorstellen, deren Mehrheit aufgrund des unmenschlichen Druckes und der Erwartungen nicht genau solche Empfindungen hätte? Eine weitere Konsequenz wäre nur noch die Depression, aber besonders für sie gibt es schon lange Zeit eine ganze Palette pharmazeutischer Erfindungen.

Am Ende des Textes liest man eine Art heuchlerische Personifizierung des Medikamentes, als ob es sich um des Menschen Freund handle: „Erklären Sie den Patienten, dass Sie dem Medikament genügend Zeit geben mögen, damit es anfängt zu wirken." Natürlich geht es um die Empfehlung, dass man nicht nach einigen Wochen mit der Einnahme des Medikamentes aufhört, falls man in der Zeit noch keine Besserung merken sollte. Der Patient ist also derjenige, der dem Medikament gegenüber „verständnisvoll" sein muss und keinesfalls zu schnell verzweifeln darf, denn in ihm hat er einen zuverlässigen und festen Verbündeten, vielleicht sogar für viele Jahre.

Und wenn man aus dem slowenischen und vielen ähnlichen neuzeitlichen Kapitalismen heraustritt, die ein Hauch von dem aus Dickens Zeiten tragen, und sich auf das Gebiet der menschlichen Charaktere begibt, erinnert man sich an noch nicht so alte Lehrbücher für Psychologie, die die verschiedenen Typen nach vorherrschenden Verhaltensmustern bestimmten – Choleriker, Sanguiniker, Phlegmatiker usw. In der Tat ist diese Art der Einteilung bereits Jahrtausende alt, hat aber ihren Wert nicht ganz verloren. Wenn man mit den geographischen Stereotypen, die im Großen und Ganzen stimmen, fortsetzt, findet man zurückhaltende Nordländer und temperamentvolle Mittelmeerbewohner. Was für eine großartige Chance, wenn uns die moderne Pharmazie in Verbindung mit der Psychiatrie die Probleme auf nationalen Ebenen löst. Den Nordländern wird etwas zu Antidepressiva Vergleichbares verschrieben, den Mittelmeerbewohnern Sedativa und die Welt wird wieder im Gleichgewicht sein, die Gesundheitsindustrie wird blühen. Dabei wird irgendwie übersehen, dass der Charakter, bzw.

das Temperament zur diagnostischen Kategorie bzw. zur psychiatrischen Diagnose wird.

Wundervolle neue Welt

Verursacht Ihnen die Arbeit Stress? Kommen Sie müde nach Hause, ohne Lust, Optimismus und Perspektive? Sorgen Sie sich nicht. Zur Verfügung steht das Medikament, das Ihre Nöte lindert.

Für wen ist das Medikament bestimmt? Dominor ist für uns alle, die mit zeitweiligen oder ständigen stressigen Situationen konfrontiert werden. Es ist für jene, **die Herr ihres eigenen Lebens sein wollen**.

Genau so, mit diesen letzten Worten, wird das wirksamste Medikament der heutigen Zeit beworben.[43] Erinnern wir uns noch an die Werbung, die uns ähnlich aus dem Radio beglückte? Heute begrüßt sie uns auch von den Bildschirmen.

Ergänzen wir den Werbetext mit folgenden Symptomen. Sind Sie arbeitslos? Haben Sie eine Rente von ein paar hundert Euro, die es Ihnen weder zu leben noch zu sterben erlaubt? Sie können nicht für eine anständige Beerdigung sparen, wollen sie aber nicht den Kindern oder der Gemeinde aufbürden?

Beunruhigen Sie die Nachrichten, dass auch heute wieder, wie schon viele Tage bisher, ein Unternehmen Konkurs angemeldet hat? Eigentlich ging ja nicht alles zugrunde. Der Eigentümer rettete sich und nahm ein großes Stück mit. Zugrunde gingen nur die Arbeiter, die jetzt auf der Straße stehen. Beunruhigen Sie die Kriege? Waren Sie von dem Tod hunderter palästinensischer Kinder betroffen, die unter israelischen „klugen" Bomben, die ihr Ziel genau treffen können, starben? Waren Sie von der Statistik betroffen, nach der täglich einige zehntausende Kinder an Hunger sterben? Scheint es Ihnen schwer begreifbar, dass im unabhängigen Slowenien 250.000 Menschen am Rande der Armut leben? Dass jedes siebte, vielleicht schon jedes sechste Kind hungrig ins Bett geht? Sind Sie vielleicht schwer erkrankt, weil Sie sich kein gesünderes Leben leisten können? Sie können

[43] http://lekarnaljubljana.si/upload/izdelki_dokumenti/886/dominor_vlozni_list.pdf

keine acht Stunden täglich schlafen, keine gesunde Nahrung kaufen, es gibt keine finanziellen Mittel für Erholung? Gewerkschaftsferien gibt es jetzt nur noch im Museum der Revolution und auf dem Index der verbotenen Worte.

Vielleicht sind Sie von all dem betroffen. Aber sorgen Sie sich nicht, für alle solche Nöte haben wir ein universelles Medikament. Eine Pille täglich vertreibt die Armut. Sie werden alle zum Himmel schreienden Ungerechtigkeiten vergessen. Noch immer werden sie vor Ihren Augen sein, aber Sie werden sie mit einem Lächeln annehmen. Natürlich bin ich arm, natürlich werden meine Kinder nicht die Schule besuchen, die sie sich wünschen. Auch sind wir nicht so gesund, wie wir gerne wären. Aber niemand kann uns das Glückslächeln wegnehmen, das auf unserem Gesicht strahlt. Dank der Wunderpille. Die Welt ist wieder in Ordnung.

Wenn ich zufällig mal nicht Herr meines Lebens bin, ist das ausschließlich meine Schuld. Ich hatte alle Möglichkeiten und ich habe sie immer noch, um es zu werden. Für 19€ pro Monat werde ich jeden Tag zum Herren. Wer – bei klarem Verstand – könnte diesem Glücks- und Machtangebot widerstehen?

HYPOKRATISCHE INITIATION

Im Frühjahr 2012 gab es in Ljubljana, wie manche es beschrieben, eine Pulverfassexplosion. Es war nur eine Frage der Zeit, wann manche Dinge an den Tag kommen werden. Und trotzdem wurde dieses Pulverfass seit Jahren erhitzt, wie es sich später zeigte, seit Jahrzehnten. An die Bedrohung haben sich die Menschen nach und nach gewöhnt, hielten sie für unausweichlich, für eine Art Tradition, die man überstehen und aufrecht ertragen muss. Wenn sie vorbei ist, kommen andere an die Reihe. Diejenigen, die sie überstanden, sind – wie nach einer Krankheit, die sich nicht wiederholen kann – immun geworden. Aber niemand versuchte, die Ansteckung zu verhindern, obwohl alle von dem Primärherd wussten.

Vor gut 90 Jahren, bald nach dem Ende des 1. Weltkrieges, starb Ivan Oražen, ein renommierter slowenischer Arzt. Sein Vermögen vermachte er der Medizinischen Fakultät. Den wichtigsten Teil stellte ein Haus dar, das noch heute Oražen-Heim genannt wird. Weil er selbst eine bittere und entbehrungsvolle Jugend erfuhr, ebenso wie die Studienjahre der Medizin, besonders als uneheliches Kind, dem die Mutter nicht viel helfen konnte, widmete er sein Haus jungen Medizinstudenten, besonders den ärmeren, die von außerhalb nach Ljubljana zum Studieren kamen.

So geschah es gemäß seinem Willen. Sicher aber ging im Haus einiges vor, was stark im Gegensatz zu seinem Willen gewesen wäre.

2012 nahm eine TV-Reportage[44] die Zeugenaussagen eines Studenten und einer Studentin, beide Erstsemesterstudenten aus dem Ivan Oražen-Heim, auf. Dem fügte ein Arzt, der wie die genannten Studenten das Heim wegen der Gewalttätigkeiten vor Jahren verließ, eigene Erinnerungen hinzu. Eine Einschätzung der Ereignisse gab es auch seitens des Dekans der Medizinischen Fakultät, der nach der Aufdeckung der Zustände eine Sitzung mit den Heimbewohnern einberief.

---

[44] RTV Slovenija, *Tednik*, 21.5.2012

Der Student, der sich als erster öffentlich äußerte, erzählte davon, wie ältere Studenten nachts ungefähr zweimal wöchentlich alle Erstsemestler antreten lassen und ihnen Fragen stellen, die man praktisch nicht richtig beantworten kann. Für jede falsche Antwort ging es unter die eisige Dusche, auch fünfmal pro Nacht. Dies konnte einen auch auf dem Weg zur Toilette treffen, ohne den vorangegangenen Befehl zum Antreten. Einer falschen Antwort folgte das Duschen im Pyjama mit kaltem Wasser. Viele Erstsemestler trauten sich nicht mehr auf die Toilette und urinierten lieber in ihren Zimmern in Flaschen.

Der zweite beschriebene Fall der Gewalttätigkeit war die nächtliche Aufstellung der Erstsemestler in eine Reihe, dem das Vorspielen der pornographischen Filme folgte. Die älteren Studenten haben dabei genau geachtet, wer eine Erektion bekam.

Als die Journalisten die Aussagen der älteren Studenten im Heim aufnehmen wollten, war keiner von ihnen bereit, vor die Kamera zu treten. Es konnte nur eine Tonaufnahme gemacht werden. Die Aussage (mit dem Rücken zur Kamera), dass man den Älteren gegenüber Respekt zu zeigen hat, hat sich im genannten Kontext grausig angehört.

Auf die Frage zur sexuellen Gewalt lautete die Antwort: „Das sind unsere internen Angelegenheiten."

Die Kamera richtete sich auf den Dekan der Medizinischen Fakultät. Er reagierte sehr schnell, aber nach den zur Verfügung stehenden Informationen, sehr verhalten. Aus den Beschlüssen (Maßnahmen zur Behebung der unzulässigen Vorkommnisse im Oražen-Heim und Beschlüsse, 23. März 2012) ist ersichtlich, dass den Dekan am meisten die Umquartierung der Studenten störte und die Tatsache, dass die Schlüssel nicht zurückgegeben wurden. Unter anderem wurde beschlossen, dem Heimvorsitzenden das Wohnrecht zu kündigen, und die Änderung der Hausordnung, in die der Beschluss über das Verbot von Gewalt aufgenommen wurde.

Nach seiner Meinung wurde auch der Arzt Samo Fakin gefragt, der sich an die Zustände zu seiner Zeit als Student erinnert. Die Taten der Älteren sollten lediglich bezwecken, „dass es den Jungen nicht so sehr zu Kopfe steigt" (nämlich die Tatsache, dass sie mal Ärzte sein werden). Die Aussage über präventive Erziehung durch Gewaltanwendung sagt auch alles über die Zustände und deren Rechtfertigung aus. Fakin kam es nicht mal in den

Sinn, dass genau hier das Problem liegt und damit Lösungsversuche verpasst werden.

Den Jungen ist es bereits zu Kopfe gestiegen, dass der Beruf des Arztes etwas Besonderes ist und dass sich Medizinstudenten, die keine Erstsemestler sind, alle Arten von Gewalt leisten können.

Nicht mal Medizinstudenten selbst vermochten mehr Willen für das Lösen oder wenigstens für eine kritische Bewertung der Zustände. Der Studentenrat der Medizinischen Fakultät berief am 21. März 2012 eine Sitzung, auf der als letzter Punkt der Tagesordnung (vor „Sonstiges") „die Problematik des Ivan Oražen-Heims" stand. Im Protokoll kann man unter dem Punkt nur folgendes lesen:

„Die Regelung der entstandenen Problematik der zwischenstudentischen Beziehungen wurde vom Dekan übernommen."

Es folgt der Punkt „Sonstiges", wo die Studenten feststellen, dass aufgrund des Zeitmangels und der Problematik keine weitere Debatte folgt.[45]

Bei der Sitzung waren neun Studenten, von denen es keinem wert erscheint, über die Gewalt und Missbräuche, verursacht durch ihre Kollegen, zu diskutieren. Es sieht aus, als ob sie mit Erleichterung feststellten, dass für alles Dekan verantwortlich sei.

Viel mehr Mut zeigten die Teilnehmer in den Foren der sozialen Netzwerke, wo bald nach der TV-Ausstrahlung eine intensive Debatte entfacht wurde. Mit wenigen Ausnahmen, darunter alle, die sich in der Öffentlichkeit bereits äußerten, blieben die Diskutierenden in den Foren anonym.

Die folgende Auswahl wurde nach Glaubwürdigkeit der Aussagen getroffen, gleichzeitig sind sie am veranschaulichsten, um den dunklen Vorhang des Heims aufzuziehen.[46] Alle Aussagen stammen von Anfang April 2012.

---

[45] *Zapisnik Sveta študentov Medicinske fakultete*, 21.05.2012, *www.ssmf.org/index.php/zapisniki (?download=5:zapisnik-21-3-2012).*

[46] http://www.medenosrce.net/forum/forum_posts.asp?TID=6028&PN=3.

Bolfenk:

Was ist das Wesentliche des „Oražentums"? Das Wesentliche des Oražentums ist, die Tradition anzunehmen und zu lernen, warum diese so wichtig ist. Das Wesentliche ist, dass du kennst, wer im Haus lebt, wie er heißt und woher er kommt. Und immer und jedes Mal schickte ich den Erstsemestler unter die Dusche, wenn er das nicht wusste. Zusätzlich wurde dem Erstsemestler eine Dusche aus H2O zuteil auch dann, wenn er nicht wusste, wann Ivan Oražen geboren wurde, wer die Büste unseres Mäzens in Kostanjevica gemacht hatte und wie Ivans Haushälterin hieß.

Denkst du, du seist ein ganzer Kerl, wenn du hier im Forum etwas beleidigt mit dem Geschreibe auftrittst und eine Art Krieg gegen die „Oraženisten" spielst, in Wahrheit bist du aber eine Null. Ich schäme mich, dass solche Leute existieren und du sollst dich auch schämen, einen solchen Zirkus zu machen. Du hast eine beinahe 100-jährige Tradition vernichtet und ich hoffe, du wirst es im Leben noch schwer haben.

Ihr sollt euch schämen, die heutige Jugend, das Produkt einer permissiven Erziehung, nichts kann man mit euch anfangen, nicht mal den Hintern könnt ihr euch alleine abwischen. Eine Null bist du, und wäre ich dir im Heim begegnet, hätte ich dich Respekt den Älteren gegenüber gelehrt.

Marko Orešnik:

Wenn manche daran zweifeln, ob ich mit den Schilderungen übertrieben habe, kann ich nur müde lächeln. Als Erinnerung behielt ich ein Heft, als ich 350-mal schreiben musste: Ich habe es vermasselt, weil ich nicht geholfen habe.

Jene Erstsemestler, die durch die Prüfung fielen, mussten 350-mal schreiben: Ich habe es vermasselt, weil ich nicht gelernt habe.

Sollte bei der nächsten Prüfung jemand durchfallen, wurde uns die Strafe mit 700 Sätzen angedroht. Gut, dass der ehemalige Internatsvorsitzende das vergessen hat und wir vor der tiefsinnigen Arbeit gerettet wurden. Wer von ihnen bemühte sich darum, dass wir gut studieren und nicht durchfallen würden? Wer half uns? Solche Strafen waren nun ein Teil des Internats Flora und Fauna, die für den Höhepunkt der Fürsorge gehalten werden, damit die Erstsemestler brav ihr Studium erledigen; sie spiegeln die hohe Kultur der zwischenmenschlichen Beziehungen wider. Können Sie sich vorstellen, wie unverschämt es von mir war, auch die nächste Prüfung bestanden zu haben, obwohl ich mitten in der Nacht zum Essenholen geschickt wurde und regelmäßig „Erstsemestler-Trainige" bis 2 Uhr in der Früh absolvierte?

Als ein Beispiel kann ich noch nennen, dass ich nach Dekans Maßnahmen in der Küche nur das Besteck, aber keine Teller benutzen durfte. Altes Haus Stripi verbat mir kurze Zeit später das Fernsehschauen im Gemeinschaftsraum, mit der Begründung, der Fernsehapparat gehöre ihm und ich solle mich verziehen. Fast wäre es zu einer Schlägerei gekommen, denn ich erwiderte, ich werde ihn ihm auf sein Zimmer trage, wenn er ihm gehört. Die „Stockführer" haben die Schlägerei zwar verhindert, aber am Ende schaute keiner mehr fern.

Weil ich nicht will, dass mir derartige Menschen das Schicksal bzw. das Leben bestimmen .... GEHE ICH. Ich gehe, weil ich andere Werte habe, gleichzeitig aber schäme ich mich, dass ich je den Heimbewohnern angehörte.

Danke allen für die Unterstützung und für die Informationen, dass noch weit schlimmere Dinge im Knabenheim Ivan Oražen vorfielen. Wie ich bereits sagte, mein offener Name und Auftritt geben mir die Legitimität. „Alte Häuser", die psychophysische Gewalt ausüben, werden immer ohne Namen sein.

Krtek (Maulwurf):

Ihr könnt sagen, was ihr wollt, ich werde nie die schrecklichen Geschichten vergessen, die die Kollegen erzählten, die vor fast einem

Jahrzehnt aus dem Internat auszogen, damals, als wir noch alle Erstsemestler waren. F*... die Tradition! Ich denke, dass wir alle im Stillen wussten, dass im Heim komische Dinge passieren, aber Marko war der erste, der sich getraut hat, darüber öffentlich zu sprechen. Bravo! Leider habe auch ich das Gefühl, dass dieses Thema bald in Vergessenheit geraten wird und bald wieder alte Gewohnheiten herrschen werden. Weil .... Man die Menschen nicht ändern kann, leider.

Jernej (an Marko Orešnik):

Irgendwie ist es mir absolut verständlich, dass du dich für diesen Schritt entschieden hast, obwohl du mit deinem Weggang den anderen eine ziemliche Genugtuung gibst. Am meisten tut es mir aber leid, dass das, zusammen mit der Maßnahme des Dekans, auch ein Zeichen dafür ist, dass die Dinge im Heim weiter in alter Manier laufen werden.

Klas:

Der Ausgang der Geschichte ist sowohl eine Niederlage für das Oražen-Heim und die Medizinische Fakultät, als auch eine Blamage für den Dekan Prof. Dr. Šuput.

Baltazar (an Marko Orešnik):

Niemand zweifelt an deinen Worten. In Foyers der Medizinischen Fakultät wird schon lange gemunkelt, was alles hinter den Mauern des Heims vor sich hingeht. Über Schlafentzug, Zwangseinflößen von Alkohol bis zur Bewusstlosigkeit, Zwangsduschen mit kaltem Wasser, wobei es den Burschen bis zum Morgen verboten war, die nassen Klamotten zu wechseln.... Und niemand konnte die abrasierten Köpfe der Oraženschen Erstsemestler übersehen.

Baltazars Antwort an Bolfenk:

Und hallo, was für eine Reife ist das, dass du jüngere quälst und erniedrigst? Dass du gehst und einem Erstsemestler das Zimmer auf den Kopf stellst, wann immer es dir danach ist? Dass du ihn mitten in der Nacht Börek holen lässt, ihn des Schlafes raubst, unter die eisige Dusche stellst? Oder sogar etwas viel Schlimmeres, wenn ich Thomas' Post richtig verstehe .... Und wenn ihr wirklich so weit gegangen seid, dann seid ihr nicht nur gewöhnliche Mobber und Primitive, sondern tatsächlich Kriminelle. Oder vielleicht Kranke. Ich weiß es nicht, aber mit euch stimmt definitiv etwas nicht, wenn ihr so sehr den Bezug zur Realität verloren habt, dass euch solche Taten nicht als umstritten vorkommen bzw. seid ihr als bewusste Angehörige des Heims Ivan Oražen auf sie sogar stolz.

Jernej:

Immer wenn ich dieses Thema eröffne, verspüre ich immer mehr die Scham, dass ich an der Medizinischen Fakultät der Universität Ljubljana studierte. Dass bereits seit Jahren und Jahrzehnten solche Dinge passieren und das vor Augen aller ... Wahrhaftig überaus traurig. Dass derartiges Handeln als Tradition verkauft wird und womit sich Einzelne letztendlich brüsten, geht über jede Grenze.

Soviel zur Erhaltung des Gedankens an Ivan Oražen, dessen Name in diesem Thema neben den Namen wie Mengele und KKK erscheint. Kurzum, Applaus an „Alte Häuser" für diese „Großtat"!

* * *

Dass die Heimtradition wirklich eine „Tradition" hat, zeigte sich in einer Niederschrift, die bereits 2005 entstand und derer man sich in dieser Polemik erinnerte.

„An den Vorsitzenden der Heimgemeinschaft:
Sie machten mit uns und Sie tun noch jetzt mit den Erstsemestlern große Schweinereien, denn wenn nicht, wären sie nicht rausgegangen. Jeder, der wenigstens ein bisschen ein normaler und ausgeglichener Mann ist, verlässt lieber das Heim. Ich habe mich geschämt, was ich alles bei euch tun musste. Von Rauch- und Saufgelagen, dem Stecken des Penis in das Staubsaugerrohr .... Wirst du es leugnen, dass es nicht stimmt?

Wirst du leugnen, dass bei der Erstsemestlerfeier einem der Wein nicht mit dem Schlauch eingegossen wurde? Man hatte den Schlauch im Mund, auf der anderen Seite war der Trichter, in den aus einem Kanister der Alkohol eingeflößt wurde. Danach wurdest du besoffen wie eine Leiche in den Keller transportiert... Zwischendurch tastete einer von den Älteren nach dem Puls, ob du noch bei Bewusstsein bist. Zum Schluss wurdest du noch geschoren."

***

Als die Affäre ausbrach, habe ich mich mit einem schriftlichen Beitrag in die öffentliche Polemik eingeschaltet; zumindest habe ich erwartet, dass daraus etwas wie eine Polemik entstehen wird. Ich rief Ärzte zu einer Reaktion und zum Eingreifen auf:

„Dort müssen ständige Aufsicht und offene Kommunikation hergestellt werden, man muss erhalten, was gut war (gesicherte Bereitstellung von Studienmaterial, Beratung), und alles Bösartige entfernen. Erst wenn -- wahrscheinlich nach vielen Jahren -- eine kollegiale Atmosphäre, ohne das Streben nach Übermacht oder einem selbstverständlichen Respekt vor den Älteren, hergestellt wird, wenn sich die Älteren erst durch die harte und ehrliche Arbeit mit den jüngeren Kollegen den Respekt verdienen werden, erst dann besteht ein wenig Hoffnung, dass das Oražen-Heim etwas Ansehen zurückgewinnt.

Bis dahin wird manch einer berechtigterweise sagen, dass das Oražen-Heim nur ein Bruchteil des vorherrschenden Bildes der Ärzteschaft ist. Vielleicht verdient ein Teil der Ärzteschaft das nicht, dann aber muss sie sich äußern und etwas dafür tun."[47]

Auf den Beitrag gab es keine Reaktion, zumindest nicht in den Medien, wo er veröffentlicht wurde. Gäbe es eine Reaktion woanders, bin ich überzeugt, dass ich darüber benachrichtigt worden wäre. Die Ärzte haben sich, mit Ausnahme weniger, die sich mit ihren Namen in Foren exponierten, geduckt, als ob sie das nicht anginge.

Ein Jahr nach dem Publikmachen der Ereignisse stieß ich zufällig auf einen Arzt, der bereit war, über seine Erfahrung im Oražen-Heim zu sprechen. Dorthin kam er als Student aus der Region der Oberen Save (Zasavje) Anfang der 80er Jahre. Er gehörte jener Generation an, die sofort nach der Mittelschule den Militärdienst ableisten musste. Bis dahin konnten jene, die mit dem Studium anfingen, den Dienst bis zum Ende des Studiums bzw. bis zum vollendeten 27. Lebensjahr verschieben. Die neue Regelung hatte die unerbittliche Logik der militärischen Ideologie. Gebildete Menschen waren dem Militär mehr ein Hindernis als ein Nutzen. Ausgeformte Persönlichkeiten waren erheblich schwerer führbar als Teenager. So fand sich der zukünftige Arzt als Erstsemestler im Heim vor, aber mit einer starken Erfahrung des Militärdienstes. Er geriet in eine neue Situation, die viel anstrengender war, als er sich es vorstellte.

Der Militärdienst, den er hinter sich hatte, hat ihn in vielerlei Hinsicht gefestigt, aber auch ermüdet. Er hielt die sog. tote Wache.[48] Eine derartige Bewachung ist psychisch anstrengend, nicht nur wegen des möglichen Waffengebrauchs, was selten vorkommt. Am anstrengendsten ist sie wegen der

---

[47] Petrovec, D.: Kaznivo »izobraževanje« bodočih zdravnikov: Nasilje v Oražnovem domu, *Dnevnik*, Objektiv, vom 5. 5. 2012, S. 15. (Strafbare „Ausbildung" der zukünftigen Ärzte: Gewalt im Internat Ivan Oražen)

[48] „Tote Wache" ist ein militärischer Begriff, der das Bewachen wichtiger Objekte oder das Bewachen in der Zeit erhöhter Gefahr bedeutet. Die Soldaten besitzen scharfe Munition und können nach vorausgegangener Vorwarnung – wenn sich ihnen jemand nähert – Gebrauch von der Waffe machen, sollte jemand nicht gemäß dem Befehl und dem vorgeschriebenen Procedere handeln.

möglichen Überprüfung, wie die Wache ihre Aufgabe als tote Wache ausübt. Eine fahrlässige Ausübung wurde stets scharf bestraft. Auf zwei Stunden Bewachung folgten vier Stunden des Ruhens und wieder zwei Stunden Bewachung usw. Durch eine solche Tätigkeit wird der Biorhythmus vollkommen gestört und manch einer kann sich sehr schwer daran gewöhnen. Deswegen wünscht man sich nach der Beendigung des Militärdienstes am meisten einen ruhigen Schlaf. Im Oražen-Heim herrschte alles andere als normale Umstände für eine nächtliche Ruhe.

Unter den Bewohnern war eine große Studentengruppe, die wegen des berühmt-berüchtigten „Paphys" pausierte. Es handelte sich um eine außergewöhnlich anspruchsvolle Prüfung aus der pathologischen Physiologie und einen sehr fordernden Professor, dem in den 80er Jahren das Prüfungsrecht entzogen wurde. Die Studenten im Heim hatten außer der erwähnten Prüfung keine besonderen Sorgen, weswegen sie die meiste Zeit feierten und vor allem tranken. So passierte es, dass fast jede Nacht eine Gruppe ziemlich Angetrunkener in sein Zimmer einfiel. Es folgte Vieles – von den Forderungen, dass er zur Tankstelle einkaufen geht, bis zum Durchwühlen seiner persönlichen Sachen und des Werfens der Kleidung durchs Fenster. Weil er sich wehrte, hat sich die Gewalttätigkeit so weit gesteigert, dass er in seinem Bettlaken ihre Exkremente fand.

Er war überzeugt, dass er mit ihnen irgendwie fertig wird, aber sie traten immer in der Gruppe auf, somit war ein physischer Widerstand unmöglich. Nur die unmittelbare physische Gewalt blieb ihm erspart. Interessant war auch, dass man diese Studenten nie auf Partys außerhalb des Heims treffen konnte. Es handelte sich offensichtlich um ein bekanntes Phänomen, wo sich die Einzelnen nur in der Gruppe sicher fühlen – besonders mit ihrem gewalttätigen und psychopatischen Verhalten. Trotzdem sah er ein, dass er diese Situation nicht zu ändern vermag. Er wollte sich aber nicht unterordnen. Nach einigen Wochen des Aufenthaltes im Heim hat er das Haus verlassen. Unter all den Ereignissen beschrieb er beinahe mit denselben Worten jenes, an das auch ein Gesprächspartner im Forum erinnerte. Es ging um den späteren Heimvorsitzenden, der als Erstsemestler vollkommen betrunken gemacht wurde und wie eine „Leiche" die Treppe hinuntergezogen wurde, so dass er mit dem Kopf immer wieder aufschlug.

Diese Ereignisse erreichten den damaligen Dekan, einen renommierten Psychiater; aber auch zu jener Zeit gab es keinen Willen, die Gewalt zu unterbinden.

Den Arzt hat die Erinnerung an jene Wochen im Heim noch einige Jahre stark belastet.

Muss man wirklich die Menschen, denen man in kürzester Zeit seine körperliche und seelische Gesundheit anvertrauen wird, darauf hinweisen, dass Gewalt unzulässig ist? Kann man sich Menschen, die das Erniedrigen und die Gewaltausübung genießen, vorstellen, wie sie als Psychiater oder Psychotherapeuten Missbrauchsopfer behandeln?

Unstrittig gilt, dass die Werte, die manche Protagonisten dieser Ereignisse betonen -- Tradition, Gemeinschaft, Zugehörigkeit, Respekt vor den Älteren, Kampf gegen Permissivität und Verweichlichung -- Werte, die ohne Achtung der Menschenrechte bzw. ohne Gefühl für den Menschen sind, zu Regimen führen, aus denen auch der Arzt, der in Forum erwähnt wurde, hervorging -- Mengele.[49]

Die Frage, auf die es keine verlässliche Antwort gibt, die wir uns aber immer wieder stellen sollen, ist die folgende: Wo würde der Missbrauch aus dem Oražen-Heim enden, bzw. was können wir von diesen jungen Menschen noch erwarten, wenn plötzlich die Grenzen fielen und alles erlaubt wäre, was jemandem in den Sinn käme. Was könnte verhindern, dass genau diese Menschen „Ärzte“ in den Folterkammern der Polizei, der Vollzugsanstalten oder anderswo würden?

[49] Die Gewaltproblematik im Oražen-Heim wurde auch im Artikel, erwähnt unter der Fußnote 47, behandelt. Dieser Quelle ist auch die abschließende Bewertung der Umstände entnommen. Ich selbst sprach mit den Ärzten, die mir in jenen Tagen, als die Affäre ausbrach, zufällig begegneten. Sie erzählten mir, dass dieses Verhalten die Schutzmarke des Oražen-Heimes sei, seit sie sich erinnern können. Sie fügten hinzu, dass dieses Heim eine Art Pulverfass darstellt, auf dem der jeweilige Dekan sitzt.

Der Kurent* mit dem Dolch

*Die Kurents sind vergleichbar mit den im bayerisch-österreichischen alpenländischen Brauchtum vorkommenden Perchten (Anm. der Übersetzerin)

Eine Maske verhindert nicht nur das Erkennen. Sie verleiht eine Art Berechtigung zur Gewalt. Darin besteht ihre Doppelheit. Die Maske, die die Legitimität verleiht, setzen wir gerne auf. In dem Fall ist ihre zweite Funktion, die einen unerkenntlich macht, weniger bedeutend. In der Rolle, die wir uns aussuchen, ist die Erkennbarkeit größtenteils nicht problematisch. Durch die Rolle an sich, die damit die Funktion der Maske übernimmt, werden wir bereits geschützt.

Die Vielfältigkeit der Kurents-Rollen – er bringt der Erde und den Tieren die Fruchtbarkeit, verjagt den Winter und alle bösen Geister, vermittelt zwischen Vorfahren und Nachkommen, stellt das Objekt der weiblichen Lust dar – beinhaltet auch weniger freundliche Bilder: die Gewalt, ermöglicht durch die Maske.

Die Forscher der slowenischen Volksüberlieferung beschäftigten sich umfassend mit dem Kurent, dieser besonderen, slowenischen Gestalt. Die Hypothesen über die räumlichen und zeitlichen Wurzeln des Kurents ordnen ihn in den indoeuropäischen Raum von Griechenland bis zu den skandinavischen Ländern ein. Am häufigsten wird er in Bulgarien, Rumänien, im slowenischen und noch im deutschen und Schweizer Alpenraum erwähnt.[50]

[50] Gačnik, A.: Dediščina kurenta med tradicijo in inovacijami (Das Erbe des Kurents zwischen Tradition und Inovationen); v: Fikfak, Jurij; Gačnik, Aleš; Križnar, Naško; Ložar - Podlogar, Helena: *O pustu, maskah in maskiranju* (*Über Fasching, Masken und Maskierung*), Ljubljana: ZRC SAZU, 2003, s. 125–146.

Schon vor einem Jahrhundert waren die Bräuche um den Kurent mit Gewalt verbunden, wovon einige Aufzeichnungen zeugen. *Die Marburger Zeitung* veröffentlichte im Jahr 1924 folgende Mitteilung:

„Die hiesige Bezirkshauptmannschaft untersagte die gewöhnliche Faschingsfeier im Bezirk um Ptuj, um damit jährlich wiederkehrende Schlägereien und Messerstechereien bei dieser Gelegenheit zu verhindern. Dieses Verbot kann nur begrüßt werden, denn es ist eine Tatsache, dass es kaum ein Jahr gegeben hatte, das uns keinen blutigen Fasching gebracht hätte. Es war höchste Zeit, diesem gefährlichen Treiben ein Ende zu setzen."[51]

Nebenbei erwähnen die Autoren, dass dieses Faschingstreiben mit dem Kurent eine ausgezeichnete Gelegenheit für das Begleichen offener Rechnungen bot: Schlägereien, Hochzeiten, Beleidigungen, Grundstücke, Grenzsteine.[52] Der Kurent wurde von profanen und sakralen Mächten verfolgt. Von der Polizei wegen der Unruhen, von der Kirche wegen des Aberglaubens.[53]

Der Autor Kuret schreibt, dass der Kurent unter dem Fell verschiedene Waffen versteckte: Messer, Revolver, Pistolen, auch eine Axt. Damit verteidigte er gewöhnlich seinen Bezirk. So war z.B. noch vor Jahrzehnten die Kampflinie zwischen den Bewohnern von Polane und den Bewohnern von Haloze, den traditionellen „Feinden", auf der Brücke von Borlo. Bekannt ist auch die Redewendung: „Wir sehen uns noch, wenn nicht vorher, dann zu Fasching."[54]

Vielleicht ist es nicht ungewöhnlich, dass die Gestalt des Kurents – als Gestalt des Mutes und der Gewalt – dem Beruf des Soldaten angenehm ist. Dr. Aleš Gačnik (Ethnologe und Kultursoziologe, Anm. d. Übers.) nahm 1998 eine Fotografie eines Offiziers der Slowenischen Armee mit einem Kurent-Aufnäher auf der rechten Schulter auf. Es handelt sich um das Symbol der Militäreinheit in Ptuj.[55]

---

[51] Ib., S. 138

[52] Ib., S. 138

[53] Ib., S. 136

[54] Ib., S. 138

[55] Ib., S. 140, 142

Die heutige Rolle des Kurents ist aufgeweicht, es überwiegt das modernere folkloristische Erbe mit minimalen Gewaltmustern, besonders im Vergleich zu den vergangenen Zeiten. So ist in Haloze die vorrangige Absicht der Faschingsfeiernden das Eisammeln von Geld. Die Faschingsleute sind diesbezüglich sehr entschlossen. Ihre Gewalttätigkeit erinnert an jene, die der Autor Kuret den Ahnengeistern zuschreibt: „Beim Betreten des Hauses betteln sie nicht, sondern treiben ein, was ihnen als Ahnen zusteht."[56]

In unseren Nachbarländern erscheint Kurent in ähnlichen Rollen, auch mit ähnlichen Namen. Niko Kuret schreibt über die Kämpfe unter Kurents im Balkanraum, wo Kurents Verwandte – „kukeri" – angegriffen und getötet werden. Wer tot liegen bleibt, wird begraben, wo er gefallen ist. In der geweihten Erde ist für ihn kein Platz. In Bulgarien gibt es mitten auf dem Feld häufig „kukovi grobišta" – (Gräber).[57]

Sogar für den Kurent könnte die Bezeichnung der Zerrissenheit zwischen dem „Eros und Thanatos" gelten, leider nicht nur in den Metaphern der Dichtung oder des Dramas. Der Kurent lebte beides, er brachte Hoffnungen und (heidnische) Segen des neuen Lebens, andererseits nahm er das Leben, wenn er sich das Recht herausnahm, die alten Rechnungen und Groll zu begleichen.

Das Kamel von Ig

Unter den Tiergestalten, die zur Faschingszeit ähnliche Rollen spielten, wird das Kamel als Rotwild von Pohorje - Kozjansko oder als Kamel erwähnt.[58]

---

[56] Kuret, N.: Maske slovenskih pokrajin (Masken der slowenischen Provinzen), 1984, s. 55; v: Fikfak, Jurij; Gačnik, Aleš; Križnar, Naško; Ložar - Podlogar, Helena: *O pustu, maskah in maskiranju (Über Fasching, Masken und Maskierung)*, Ljubljana: ZRC SAZU, 2003, s. 29.

[57] Kuret, N.: Kadar korant vlada (Wenn der Korant herrscht); v: Fikfak, Jurij; Gačnik, Aleš; Križnar, Naško; Ložar - Podlogar, Helena: *O pustu, maskah in maskiranju (Über Fasching, Masken und Maskierung)*, Ljubljana: ZRC SAZU, 2003, s. 138.

[58] Fuchs, B.: Maske in šemljenje pod Pohorjem (Masken und Verkleidung unter dem Bachergebirge), S. 69-80; in Fikfak

Bereits vor Jahrzehnten war das Kamel von Ig bekannt. Diese Gestalt und ihre Spieler haben sich mit einer eigenartigen Gewalt, die gewöhnlich mit einer beträchtlichen Menge Alkohol begleitet wurde, einen Namen gemacht. Das Kamel hat an Fasching gewöhnlich eine Straße gesperrt und von allen Fahrern, die passieren wollten, eine bestimmte Summe verlangt. Wer sich dem örtlichen Brauch nicht beugen wollte, hatte mit ernsten Schwierigkeiten zu rechnen, die manchmal auch mit einem demolierten Auto endeten.

> Ich erinnere mich sehr gut daran, dass wir, die zu der Zeit in Ig arbeiteten und zurück nach Ljubljana mussten, immer herumfragten, wo das Kamel sei und ob es schon woandershin gezogen sei. Bis das geschah, riskierten wir keine Begegnung. So blieben wir manchmal in der Arbeit bis zu den späten Abendstunden.

Die Schranke (sl. šranga)

Dieser Volksbrauch, der das freudige Ereignis einer Hochzeit begleitet, hat häufig zusätzliche Dimensionen. Vielleich werden sie am besten durch meine eigenen Erfahrungen veranschaulicht.

> Anfang der 90er Jahre wurde in Ljubljana eine Konferenz für Kriminologen organisiert, zu der viele Teilnehmer aus dem Ausland kamen. Neben der gewöhnlichen wissenschaftlichen Arbeit wurde auch ein kleines Kennenlernen einiger Ortschaften und deren Schönheiten angeboten. Es wurde beschlossen, dass wir zur Ljubljanschen Burg fahren, um von dort einen großen Teil Sloweniens zu sehen. Weil es noch keine Seilbahn gab, mieteten wir einen kleineren Bus, der uns von der Universität auf die Burg brachte.
>
> Niemand ahnte, dass die Gäste schon unterwegs einen der häufigsten slowenischen Bräuche kennenlernen werden. Ungefähr 200m nachdem der Weg in Richtung Burg abbiegt, wurde die Straße von der sog. Schranke versperrt. Es handelt sich um ein Hindernis, das dem Bräuti-

gam von den Burschen aus dem Ort, wo die Hochzeit stattfindet, gestellt wird. Er muss für die Braut einen Beitrag zahlen und dazu noch etwas Unterhaltsames tun. Das Ereignis wird von viel Alkohol begleitet, sodass die Teilnehmer oft früh unter Alkoholeinfluss stehen.[59] Für gewöhnlich werden auch Fahrzeuge angehalten und es wird eine Art Maut verlangt. So schien es auch in diesem Fall zu sein, es erwies sich aber bald als viel komplizierter.

Die Burschen, die das Hindernis aufstellten und den Bus anhielten, verlangten kein Geld. Für einen Moment atmeten wir auf. Ich war nämlich ein wenig in Verlegenheit, wie man all diesen ausländischen Gästen erklären könnte, dass es sich um einen manierlichen Brauch und keine Straßenräuberei handelt, obwohl in der Gestalt nach außen freundlicher, trotzdem aber stark angetrunkener Slowenen. Wenn einer von ihnen im Bus Geld einsammelte, glaubten wenige der Gäste, dass der Balkankrieg in Slowenien schon beendet ist.

Obwohl sie aufs Geld verzichteten, leuchteten ihre glasigen Augen gefährlich. Sie beschlossen, dass jeder ihre echte slowenische Gastfreundlichkeit zu spüren bekommt. Inmitten auf der Straße stand ein Weinfässchen und die Businsassen hätten einer nach dem anderen, auch wenn es ihnen nicht danach war, aussteigen und die abgemessene Menge austrinken müssen. Ich versuchte den Zwischenfall in eine spaßige Richtung zu lenken. Der Bus war voll mit überwiegend älteren Herren und vor allem Damen, die nach der verlangten Alkoholmenge kaum noch fähig wären, wieder in den Bus einzusteigen. Als ich versucht hatte, den „Schrankenburschen" das fremde Publikum – dieser Art Gastfreundlichkeit nicht gewöhnt – vorzustellen, glänzten die Augen der slowenischen jungen Männer in der Erwartung eines unvergesslichen Augenblicks noch mehr. Es gab keine Möglichkeit für irgendeinen vernünftigen Überzeugungsversuch. Vollkommen ideenlos, wie ich dieses Dilemma auflösen könnte, kehrte ich zurück in den

[59] In den Foren, in denen Ratschläge für „die Schranke" gesammelt werden, sind alle möglichen Erfahrungen und Empfehlungen zu finden. Unumgänglich hält man sich an Folgendes: „Natürlich ist es nötig, die Sache gut zu verbinden und dafür muss man im Voraus zwei Starter trinken, dann läuft es von selbst." (http://www.frajtonerca.net/forum/viewtopic.php?t=1214).

Bus zu den Passagieren. Ich erklärte einfach, was die Burschen erwarten; uns allen ist klargeworden, dass die „Schrankenburschen“ auf jeden Ausweichversuch, erst recht auf jeden Trick, empfindlich reagieren würden. Sie zeigten weder Erbarmung noch die Fähigkeit dazu. Es war auch nicht möglich, mit dem Bus zu wenden, eine Fahrt rückwärts war fast unmöglich.

Wie manchmal in schwierigen Situationen etwas passiert, passierte es auch damals unerwartet. Ein Freund aus Finnland hörte eine Weile aufmerksam zu, dann sagte er: „Wünschen sie nur das?“ Es kam mir vor, als ob er den Ernst der Lage nicht versteht, aber ich nickte trotzdem. Beinahe entspannten Fußes stieg er aus dem Bus, schritt zur gesammelten Gesellschaft und neigte das Gefäß mit dem Wein. Es lief lange. Lange genug, damit sich die Lust auf die erwartete Tortur in unverhohlene Bewunderung verwandelte. Vielleicht dachte einer in einem Moment, im Bus seien womöglich mehrere solche Abstinenten. Noch zwei oder drei genügten vollkommen, um den Vorrat auszuleeren, mit dem die Besucher noch eine oder zwei weitere Stunden abgefüllt werden sollten.

Wir erhielten die Passiererlaubnis dank eines einzigen, den slowenischen Herausforderern gewachsenen finnischen Trinkers.

Beim beschriebenen Ereignis wird klar, wie schnell sich eine Entschuldigung für Gewalt findet, sogar unter der Maske der außergewöhnlichen Gastfreundschaft. Im slowenischen Raum ist der nach außen humorvolle Gesellschaftsdruck auf diejenigen, die beim Trinken eher zurückhaltend sind, bekannt. Die Runde fängt an, Reime zu singen, irgendwelche Auszählreime, bei denen derjenige, an den sich das Liedchen richtet, ein Glas kippen muss.[60] Der psychische Druck ist für die meisten zu stark, um sich ihm zu widersetzen. Bei eventuellem Widerstand wird der Gruppendruck erhöht und nur wenige halten durch, nüchtern zu bleiben. Der Einzelne könnte sich

---

[60] Etwa vergleichbar mit dem bayer. Trinkspruch: *„Mach's Maul ned unnütz auf, red' was g'scheites oder sauf!“* (Anm. d. Übers.)

unter einem solchen Druck nur dazu entscheiden, die Gesellschaft zu verlassen, was nur Wenige tun, denn die Stimmung ist nach außen absolut freundschaftlich und anspornend.

Eine Zurückweisung derartiger Gastfreundschaft zählt als ein unannehmbares Handeln, das Strafe verlangt. In ihrer mildesten Form wird man abgefüllt, die soziale Isolation wird von den Einzelnen, besonders in kleineren Dorfgegenden, nicht riskiert.

Junggesellenabschied

Die heutigen Polterabende in der städtischen Umgebung sind oft einfallsreich und für den zukünftigen Bräutigam provokativ (Anheuern verführerischer Mädchen, auch Profitänzerinnen). In der ländlichen Umgebung spielen bei der Gestaltung die Tradition und der physische Raum, der z.B. einen Fußmarsch für den mit einem Joch (Kummet) bestückten jungen Mann in die umliegenden Hügel ermöglicht, eine Rolle. Er wird von den Freunden begleitet, die ihn anspornen, ihn aber trotzdem über die Steilhänge treiben. Mit sich führt man auch Leckerbissen, Getränke und Gebäck, die den Vorbeigehenden angeboten werden.

Zur Veranschaulichung eines Polterabends ist es interessant, die Ratschläge und Erfahrungen in Internetforen zu lesen.

> Wenn Ihr früh anfangt, ist es sowieso am besten, wenn der Bräutigam nichts trinkt, weil er der letzte ist, der zusammenbrechen darf. Außerdem wird es ihm bei bestimmten Szenen noch peinlicher, wenn er nüchtern ist. Ansonsten hängt es davon ab, wo ihr „feiert". Er soll so erscheinen, dass alle wissen, wer „the one" ist, dann braucht ihr nicht mehr viel Phantasie.... Meinetwegen kann er auch Waschpulver verkaufen. Ihr, die eingeladen wurdet bzw. etwas vorbereitet habt, trefft euch und macht ein wenig Brainstorming, dann wird's schon.
>
> Noch eine Warnung .... Vor einiger Zeit passierte es, dass dem Bräutigam, nachdem er zusammenbrach, Bauschaum in die Stiefel gefüllt wurde. Am nächsten Morgen fühlte er seine Beine nicht mehr und es

endete so, dass ihm beide Beine über dem Knie amputiert werden mussten. So viel als Warnung.[61]

A: Oh weh! Ich muss nur was erzählen. Ich habe zwar nichts gegen Polterabende, aber ich finde den Brauch mit dem Kreuztragen doof. Ich weiß nicht, so ist halt meine Meinung. Ich habe nichts gegen Saufen. Aber beim „Brauch" des Kreuztragens passierte es leider schon, dass die Leute so besoffen waren, dass der mit dem Kreuz irgendwo liegen blieb, wo man ihn vergaß. Es gab Fälle, wo dann dieser Armselige mitten auf irgendeinem Feld erfror und seine Hochzeit nicht mehr erlebte. Also, ich weiß nicht. Manchmal artet das aus in echt bizarre Situationen. Na ja, so ist meine Meinung. Ich hoffe jetzt, dass ich keine Welle der Empörung auslösen werde, als wollte man sagen, was treibt dieses Weib.

B: Ja, auch ich hörte von ähnlichen Fällen. In 14 Tagen heiratet mein Kollege. Er erzählte mir, was für Bräuche es dort gibt, woher sein Mädel kommt (um Škofja Loka). Einer ist so zu Boden gegangen, dass er mit Drähten im Mund (aufgrund des gebrochenen Kiefers) zur Hochzeit ging, einer fiel ins Wasser und ertrank, weil alle zu besoffen waren und es ihnen nicht gelang, ihn aus dem Wasser zu ziehen. Auch ich finde diesen Brauch ziemlich .... Ach was, ich finde kein Wort dafür. Wenn ich grausam sage, ist es zu wenig.

C: Wenn ich an den Polterabend meines Onkels denke: Schock! Es ist zu schlimm, was manche tun. Das ist echt der Höhepunkt des Saufens, nebenbei wird der besoffene Arme noch ans Kreuz gebunden. Mein Onkel konnte bis zur Hochzeit nicht laufen, weil ihm der Rücken so schlimm wehtat. Er ist ein sehr starker Mensch, daher könnt ihr euch vorstellen, was für ein Kreuz er hatte. Christus' Qualen, wortwörtlich. Oh weh![62]

---

[61] http://izklop.com/?url=forum/posts&forumid=5&topicid=10486&page=2

[62] http://www.racunalniske-novice.com/forum/topic/48520-krizev-pot-pri-fantovscini

Die Polterabende sind in der Regel weniger gewalttätig, weil es sich immer um eine freundschaftliche Gesellschaft handelt. Bei zu großen Alkoholmengen aber geht die Urteilsfähigkeit verloren. Dann kommt die Phantasie an den Tag, die, mit schlechter, gewalttätiger Botschaft.

Kreuzigung[63]

Ausgelassen ist man bei den Hochzeiten besonders bei der Kreuzigung. Es handelt sich um einen Brauch, bei dem der Bräutigam an ein provisorisches Kreuz angebunden wird. Das schleppt er dann umher und symbolisiert das Leiden Christi. Für gewöhnlich gibt es parallel weitere Aufgaben, die den Gekreuzigten in der Öffentlichkeit lächerlich machen. Häufig lässt die Sorge um die Sicherheit des Gekreuzigten nach. Nach der Erzählung von Rajko Tominc wurde er ans Erlenkreuz gebunden, dann samt Kreuz an einen Baum gehängt und nach einiger Zeit, als die Wirkung des Alkohols auf die anderen stärker wurde, mit dem Kopf nach unten ins Wasser geworfen. Die Nüchternheit und die große körperliche Kraft halfen ihm, dass er sich irgendwie auf die Knie stellte und aus dem Wasser hob. Ohne diese Fähigkeiten und bei der Unachtsamkeit bereits ordentlich alkoholisierter „Freunde" hätten die Probleme viel ernster sein können.

Der Erzähler erinnert sich, dass ein Bräutigam in einem Gasthaus mal an einen Querbalken gebunden wurde. Danach wurde er, wie es gewöhnlich gemacht wird, mit allem möglichen Gebräu abgefüllt. Es gibt eine einzige Regel: Ins Getränk mischt man alles, was einem in die Hände kommt – Pfeffer, Salz bis hin zu weniger guten Gewürzen. Der Bräutigam macht früher oder später schlapp und erinnert sich später an einiges, was noch folgte, nicht mehr.

Um 2010 trafen wir einen jungen Bräutigam auf dem Berg Grmada bei Polhov Gradec. Statt des Kreuzes trug er um den Hals ein Joch. Begleitet wurde er von Freunden, die ihn, schon vollkommen am Ende, durch die Berge trieben. Einer der Begleiter trug einen Strohkorb mit Gebäck, das großzügig allen Vorbeilaufenden angeboten wurde.

---

[63] Nach einem Bericht im Jahr 2013 von Rajko Tominc aus Polhov Gradec

Nikolaus und Krampus[64]

Zu Zeiten Jugoslawiens – die Beschreibung bezieht sich auf die 80er Jahre – wurde dieser Brauch mancherorts verfolgt, wahrscheinlich aus mehreren Gründen. Neben der ideologischen Unangemessenheit gab es viel Grobheit, sodass Nikolaus' Team (das Team bestand aus Nikolaus und mehreren Teufeln, Anm. d. Übersetz.) in der Regel mit dem Auto bzw. VW-Bus zum Haus fuhr, die abgesprochenen Prozesse ausführte und schnell zum nächsten Opfer fuhr, bevor die Polizei eingreifen konnte.

Dieser Brauch sah so aus: Die Eltern erzogen ihre Kinder auch mithilfe angstmachender Maßnahmen und die Ankunft des Nikolaus' bedeutete für die braven Kinder vor allem ein Geschenk, für die nicht braven eine Begegnung mit dem Krampus, dem Sinnbild des Teufels. Die Eltern haben das im Voraus mit den Akteuren dieses Brauchs besprochen. Somit kamen diese nach Bestellung und wussten, wie man mit welchem Kind umgehen soll. Aber auch die Kinder, die unter dem Jahr brav waren, nutzten die Nikolauszeit um den Krampus zu provozieren. Sie bewarfen ihn mit Schneebällen, später auch mit Knallfröschen. Der Krampus kannte keine Gnade. Lag draußen der Schnee, folgte das unerbittliche Einreiben mit Schnee. Lag kein Schnee, gab es auf den Bauernhöfen immer einen Misthaufen, auf den man die Kinder warf und wälzte. Manchmal wurden die Kinder auch mit der Schuhcreme eingeschmiert. Die Eltern haben sich mit diesem Brauch und mit der unbestrittenen Grobheit abgefunden (vielleicht waren sie auch zufrieden, dass jemand „offiziell" das erledigte, was sie sich ohne Vorwürfe der Umgebung nicht hätten leisten können, Anm. des Autors) und nur selten kam es zu einem Protest.

Eine Besonderheit des Krampus' war seine Maske. Diese wurde aus Naturmaterialien gemacht, z.B. Schafspelz, womit er viel schrecklicher aussah als mit einer künstlichen Maske. Er trat auf mit angsteinflößendem Brüllen, und der Erzähler Rajko Tominc erinnert sich, dass er als Kind vor ihm große Angst hatte.

[64] Auch dieser Artikel entstand nach dem Bericht von Rajko Tominc.

Nikolaus' Team stärkte sich mit Alkohol, was nicht nur zum eifrigeren Erschrecken der Kinder beitrug, sondern auch zu den gelegentlichen Unfällen, in die der ziemlich angetrunkene Krampus verwickelt war.

ÜBERSTÜRTZTER OPTIMISMUS
HANNAH ARENDT ODER DIE MASKE DES ALLTÄGLICHEN MENSCHEN

„Die guten oder die gewöhnlichen Menschen verwandeln sich nicht in schlechte. Die schlechten bekommen die Gelegenheit, sich so zu zeigen, wie sie sind." (Autor)

Wann erkennt man das Böse im Voraus bzw. wann erahnt man es? Sind es die Charakteristika einzelner Menschen, die in einem den Verdacht wecken? Ist das ihre äußere Erscheinung, ihr Verhalten? Ist das ihre Vergangenheit? Ist das das ewige Rätsel, weil das Böse zu oft verdeckt und unerkennbar ist? Sind seine Träger freundliche, sogar charmante, oder unscheinbar gewöhnliche, „banale" Menschen, wie sie von Hannah Arendt beim Studieren von Eichmann kategorisiert wurden? Ist der Mensch im Prinzip gut, wenn er nur bei manchen Gelegenheiten im Leben das Böse auslebt, ansonsten ist er aber ein freundlicher Nachbar, der Kinder liebt und in einer Wohltätigkeitsorganisation mitarbeitet?

Den Titel sollte man mehr als eine Metapher verstehen, die verschiedene Assoziationen ermöglicht, und weniger als eine Polemik mit ihren Standpunkten. Schließlich kann man auch das Wort Optimismus unterschiedlich verstehen, besonders wenn es sich um das Verstehen und das Voraussehen des menschlichen Verhaltens handelt. Ist es besser, wenn die Verbrecher manchmal jene gewöhnlichen Menschen sind, denen Freundlichkeit und Güte aus dem Antlitz strahlen, die mit ihren guten Taten uns alle erfreuen? Bei diesen schlussfolgern wir nämlich, dass sie durch das Milieu und die Gelegenheit aus der Bahn gerieten. Diesem Typus des Menschen ist jenes vollkommen entgegengesetzt, dem Lombroso das Böse bereits von klein auf vom Gesicht las. So einer brauchte keine besonderen Umstände, weil er sie selber fand. Deswegen sollte ihm besondere Aufmerksamkeit gelten.[65]

Hannah Arendt stellt eine These über die Banalität des Bösen auf, die sich auf absolut gewöhnliche Menschen bezieht, jene, die als *„ordinary people"* jeden Tag an uns vorbeilaufen, die wir als freundliche Nachbarn kennen, sogar in der lokalen Gemeinschaft durch gute Taten erkennbar; jene, die für uns ein freundliches Wort übrighaben; jene, denen wir ausnahmslos an Sonntagen in der Kirche begegnen; jene, die auch fürsorgliche Eltern sein können.

Hannah Arendt hat, so schreibt Vlasta Jalušič[66] in Eichmann einen neuen Typus des Täters entdeckt, der ein neuartiges Verbrechen begangen hat, ohne die traditionell feindlichen Motive und ohne schrecklich fanatisch sein zu müssen.

Gehen wir kurz zu Zimbardos berühmten Stanford-Gefängnis-Experiment (Stanford-Prison-Experiment). Dort erhielten nach dem Zufallsprinzip gewählte Menschen zwei Rollen – die der Verurteilten und die der Wärter. Ein Teil der Wärter verwandelte sich trotz des Wissens, dass es sich um ein Experiment handelt und sie beaufsichtigt wurden, in Sadisten. Achtung! Die Menschen wurden nach dem Zufallsprinzip nur in der ersten Phase des Experiments ausgewählt. In der folgenden wurden sie strengen Tests der Persönlichkeitseigenschaften unterzogen. Diese Tests haben, besser gesagt: hätten all jene ausschließen müssen, bei denen man unangenehme Charakteristika festgestellt hätte, wie z.B. eine höhere Aggressionsbereitschaft, erst

---

[65] Die gegenwärtige Wissenschaft strebt gelegentlich, ähnlich wie Lambroso (Psychiater, Ende des 19. Jahrhunderts, der sich mit der Erkennung der Delinquenten nach äußerlichen Merkmalen beschäftigte) nach der Entwicklung eines Systems der erkennbaren und messbaren Charakteristika, nach denen man Delinquenten einordnen könnte. Sie sagte sich von der groben Typologie Lambrosos los (z.B. Schädelmerkmale) und ersetzte sie durch die Feststellung einer Chromosomaberration (70er Jahre des 20. Jhds.) oder später durch das Messen der Reaktionsweise und der Reaktionsgeschwindigkeit auf bestimmte Reize (neurowissenschaftlicher Ansatz der 90er Jahre des 20. Jhds.). Nach der Charakteristik dieser Reaktionen könnte man vermutlich Delinquenten von „normalen" Menschen unterscheiden. Die Versuchung des biologischen Ansatzes ist stets groß, denn er ermöglicht es, dass alle gesellschaftlichen Übel und „Ungerechtigkeiten", die die Kriminalität fördern oder sogar entstehen lassen, „vergessen" werden.

[66] Jalušič, V.: *Zlo nemišljenja (Das Übel des Nichtdenkens)*, Ljubljana: Mirovni inštitut (Friedensinstitut), 2009, S. 64.

recht aber irgendeinen Fanatismus. Erst nachdem eine Gruppe „vollkommen normaler" Menschen sorgfältig ausgewählt wurde, wurde mit dem Experiment begonnen. Trotz aller Sicherheitsmaßnahmen zeigte sich die sadistische Natur bei manch einem Teilnehmer.

Besonders interessant war der Abschluss des Experiments. Nach allen Spannungen, die zwischen den „Wärtern" und den „Verurteilten" vorherrschten, weil sich beide in das Experiment einfühlten[67], organisierte der Leiter des Experiments, Psychologe Zimbardo, ein Treffen aller Beteiligten und ein Gespräch über das Geschehene. Das sollte zur Versöhnung und zum Verstehen der zwischenmenschlichen Konflikte beitragen. Das Gespräch zwischen einem „Verurteilten" und einem „Wärter", der sich am sadistischsten zeigte, verlief ungefähr so:

> Der Verurteilte: „Ich kann nicht verstehen, wie du dich so stark verändern konntest. Warum hast du das alles mit uns gemacht? Ich weiß, dass du ein guter Bursche bist!"
>
> Der Wärter: „Eigentlich habe ich mein eigenes Experiment durchgeführt. Es hat mich interessiert, wie weit ich gehen kann, ohne dass ihr Widerstand leistet."[68]

Würden wir uns aufmachen, die Körpersprache des Wärters zu lesen, die diese augenscheinlich ruhige Erklärung begleitete, würde die Mehrheit wahrscheinlich eine Verlegenheit erkennen. Aus dieser Verlegenheit versuchte sich der Befragte bei der unmittelbaren Frage, die seinen vermutlich guten Charakter mit absolut anderem Verhalten konfrontierte, herauszuwinden.

Noch interessanter ist vielleicht der Versuch des „Verurteilten", die Wertung zu mildern, die viel schonungsloser hätte sein müssen. Statt seinem

---

[67]Im Experiment ging sogar sein Leiter, Zimbardo, als Außenbeobachter so stark auf, dass ihn seine Assistentin als zufällige Beobachterin auf das nicht annehmbare Zulassen der Gewalt hinweisen musste. Zimbardo übernahm nämlich ungewollt und nicht ganz bewusst die Rolle des Gefängnisdirektors.

[68] Zusammengefasst nach der VHS *Quiet Rage: The Stanford Prison Experiment*; Bibliothek des Instituts für Kriminologie an der Juristischen Fakultät in Ljubljana.

Peiniger entschieden vor den Latz zu knallen, er sei ein Psychopath, oder etwas Ähnliches, entschied er sich, ihn als einen vollkommen guten Menschen zu bezeichnen, der sich unter den besonderen Umständen unvernünftig verhielt.

Diese Kennzeichnung ähnelt sehr der These Hannah Arendts über die Banalität des Bösen, oder der Einschätzung der Profile der Kriegsverbrecher von Slavenka Drakulićs, oder Liftons Einschätzung von Mengele als ansonsten gewöhnlichen Menschen. Über diese Ideen wird im Folgenden nachgedacht.

Geht es um das Verschließen der Augen vor dem „Schlechten, sogar dem Bösen", das man in einem Menschen beobachtet? Ist eine solche Konfrontation zu anspruchsvoll oder für den Beobachter, der sich mit einer Wertung von „Normalität" oder „Banalität" eher zufriedengibt, zu schmerzhaft? Ansonsten müsste er zugeben, dass es viel mehr Böses – latent verborgen– gibt, als man wissen wollte.

Machen wir noch einen Schritt zur Seite. Begeben wir uns zur bekannten Affäre, bei der die italienische Polizei bei vielen Bürgern eingriff, nicht nur bei gewöhnlichen, sondern bei vielen angesehenen Bürgern. Sie waren in die Verbreitung von pädophilen Videomaterials und der Darstellung von Gewalt an Kindern verstrickt.[69]

> „Polizisten und Ermittler übergaben zwei italienischen Fernsehsendern Aufnahmen davon, wie Polizisten, getarnt als Schmuggler des pädophilen Videomaterials, die Käufer überführten. Sie fügten schreckliche Aufnahmen der Kinder hinzu, die von den russischen Produzenten in einer Villa nahe Moskau aufgenommen wurden. Die Kinder zwischen zwei und zwölf Jahren wurden vergewaltigt und oft auch getötet.
>
> Als das Staatsfernsehen in den Abendhauptnachrichten einige Szenen von den pornographischen Kassetten veröffentlichte, wurden die Beitragsautoren und ihre Redakteure unmittelbar suspendiert.

[69] Hočevar, T.: Pred sodnike 1700 skrbnih očkov (1700 fürsorgliche Väter vor dem Richter), *Delo,* 29. 9. 2000; Zitat aus: Petrovec, D.: *Mediji in nasilje (Medien und Gewalt*), Ljubljana: Mirovni inštitut (Friedensinstitut), 2003, S. 24.

Die Ermittler behalfen sich mit dem Internet, um dem Anschein nach unbescholtenen Staatsbürgern auf die Spur zu kommen, die Aufnahmen der nackten Kinder für 2 Millionen Lire, sexuellen Missbrauch für 15 - 20 Millionen Lire, Vergewaltigungen der Kinder, die oft mit dem Tod endeten, für 40 Millionen Lire, bestellten. Die italienischen Zeitungen schrieben, dass die große Mehrheit der Käufer von Videokassetten eines solchen Inhaltes der Kategorie der ehrenwerten und unbescholtenen Staatsbürger angehört, meist vermögenden, verheirateten Männern und dem Anschein nach fürsorglichen Vätern ihrer Kinder."

Die Erklärungen, dass gewöhnliche („banale") Menschen zu „ungewöhnlichen" werden, wenn sie sich in besonderen Situationen befinden, sind nicht selten. Robert J. Lifton, Autor der Aufzeichnungen über Mengele[70], stimmt mit Hannah Arendt in der Einschätzung der Banalität des Bösen überein. Ein gewöhnlicher Mensch ist des extrem Bösen fähig, sagt Lifton.

Ähnlicher Meinung ist auch Slavenka Drakulić, die sich mit den Tätern, angeklagt des Genozids, der Kriegsverbrechen und der Massenmorde in Srebrenica beschäftigte. Ihre Profilanalyse mehrerer Täter zeigt, dass es an den Tätern als Menschen nichts Besonderes gibt, sie sind weder böse noch sind sie Bestien. Sie sind nur gewöhnliche Menschen, die sich in die Gewalt und organisierte Tötungen verstrickten.[71]

Wo ist die Falle eines solchen Konzepts? Wahrscheinlich dort, wo wir die Menschen um uns, die ohne Schwierigkeiten die Rolle des gewöhnlichen Menschen spielen, für unschädlich, sogar gut halten. Lediglich die Umstände, zu denen es glücklicherweise selten kommt, würden aus ihnen das Dunkelste hervorrufen. Kriege gibt es nicht überall, somit gibt es auch nicht überall Gefangenenlager und damit keine Gelegenheit für das Böse.

Vielleicht ist das Bild doch ein wenig anders. Der Mensch, der der Taten Eichmanns oder Mengeles fähig ist, kann das unter normalen Umständen

---

[70] *What Made This Man? Mengele,* http://www.nytimes.com/1985/07/21/magazine/what-made-this-man-mengele.html.

[71] Ib., S. 80

nicht ausleben. Er lebt aber das aus, was ihm ermöglicht wird. Es gibt genügend Beweise dafür, denkt man nur daran, wie viele Bücher der Aufdeckung von häuslicher Gewalt gewidmet sind. Weil man als „gewöhnlicher" oder sogar „wichtiger" Staatsbürger des Rufes wegen offensichtliche Zeichen von Gewalt wie Körperverletzungen manchmal vermeiden sollte, weicht man auf psychische Gewalt aus. Damit wird die Welt der Phantasie betreten, die dem Weltall gleicht – sie ist unbegrenzt. Die Formen der psychischen Gewalt kann man nicht aufzählen. Man denkt nur an das Buch von Alice Miller *Die Revolte des Körpers*, die die Welt der gewöhnlich verdeckten Gewalt und deren Folgen enthüllt.[72]

> *Einer der wichtigsten Akzente in diesem Buch scheint die Last, das Prinzip „Ehre deinen Vater und deine Mutter" zu befolgen. Dieses Prinzip, als unabdingbar dargestellt, hat nach Meinung vieler die Tür der unbestraften Gewalt von Eltern an ihren Kindern geöffnet und aus den Kindern seelische und körperliche Invalide gemacht.*

Begibt man sich an den Rand, in das Extrem, bleibt man (leider) immer noch in der realen Welt – wie könnte man die familiäre Umgebung von Joseph Fritzl anders nennen als ein privates Miniatur-KZ?

Man kann sich aus dem familiären Kreis in die Geschäftswelt begeben, wo uns in den letzten Jahren der ungeheuerliche Druck durch die Vorgesetzten am Arbeitsplatz bewusstgemacht wird, der Missbrauch in vielerlei Gestalt und die Hilflosigkeit der Untergebenen, wodurch besonders alle psychopatischen Persönlichkeiten in ihrer Position ermutigt werden.

Der Schauspieler Peter Coyote führt uns durch den Dokumentarfilm aus dem Jahre 2011, der eine psychopatische Persönlichkeit zeigt.[73] Solchen begegnet man überall, besonders auf führenden Positionen. Im Film treten renommierte Forscher der menschlichen Persönlichkeit auf, einschließlich Zimbardo, der Autor des berühmten Stanford-Gefängnis-Experiments. Es ist unbestritten, dass eine psychopatische Persönlichkeit auf den ersten

---

[72] Miller, A.: *Upor telesa (Die Revolte des Körpers)*, Ljubljana: Tangram, 2005 (S. 192).

[73] http://topdocumentaryfilms.com/i-am-fishead-are-corporate-leaders-psychopaths

Blick nicht leicht zu erkennen ist. Größtenteils wissen sie einen zu verzaubern; aber nicht jeder, der einen solchen Einfluss auf einen ausübt, ist notwendigerweise ein Psychopath. Einer der befragten Experten gab zu, dass man für das Erkennen manchmal ein halbes Jahr intensiver Kontakte mit dem Menschen benötigt.

Der Psychologe Paul Babiak führte 2011 eine Untersuchung unter 203 amerikanischen Managern, die in bedeutenden Körperschaften beschäftigt sind, durch.[74] Er bewertete psychopatische Eigenschaften, wobei er einen standardisierten Befragungsbogen verwendete, ausgearbeitet von dem Forscher Robert Hare. Seine Feststellung war: Die psychopatischen Persönlichkeiten, deren Charakteristika vor allem das absolute Nichtvorhandensein von Moral, die Besessenheit nach eigener Macht und das Streben nach eigenem Vergnügen sind vier Mal öfter auf den Leitungspositionen als unter der gewöhnlichen Population anzutreffen.

Eine Falle stellt auch der Gegen-Standpunkt, nach dem die „Banalen" nicht gut sind, ungeachtet der Umstände. Dieser Standpunkt kann einen allgemeinen Argwohn erschaffen. Jeder gewöhnliche und freundliche Nachbar versteckt demnach in sich einen Fritzl.

Wahrscheinlich sollte man auf alles, was um einen herum passiert, achtsam sein. Nicht angespannt misstrauisch, nur aufmerksam und nicht naiv. Offensichtlich wachsen ein Eichmann und ein Fritzl in vielen Menschen unter uns, aber sie wirken begrenzt, der Gelegenheit entsprechend einerseits und der Aufsicht und Konsequenzen andererseits. Genauso ist es aber auch wahr, was viele Experimente, nicht nur Erfahrungen, bestätigen, dass – ungeachtet der Umstände, der Versuchungen und der Gelegenheiten – ein Teil der Menschen immer standhaft bleibt und dem Bösen nicht nachgibt. Ein Drittel der Menschen in dem mehrmals wiederholten Milgram Experiment verwandelte sich nie in Peiniger.[75]

---

[74] http://healthland.time.com/2011/09/20/study-1-in-25-business-leaders-may-be-psychopaths

[75] In diesem Experiment, das des Öfteren mit ziemlich ähnlichen Resultaten wiederholt wurde, erhielten ausgewählte Menschen die Rolle der Lehrer, die die Schüler effektiv auf die richtigen Antworten vorbereiten mussten. Dabei durften sie auch Stromschläge verwenden, zuerst mit niedriger Spannung, später, wenn die Antworten nicht korrekt waren, mit immer höherer. Verlangte der Leiter des Experiments Erfolg, steigerten die meisten „Lehrer" die Stromschläge bis zu einer Stufe, die lebensgefährlich hätte sein können. Die Schmerzensschreie der Schüler – die

Weil es schwer ist vorherzusagen, wer in dieser Minderheit derjenige sein wird, der sich nicht verführen lässt – genauso wie es schwer ist, den charmanten und verführerischen Psychopaten auf den ersten Blick zu erkennen – sollte man bei der „optimistischen" Einschätzung, dass die Menschen zum größten Teil gut sind und sich auch so verhalten werden, zurückhaltend sein.

> In einer für eine derartige Diskussion gut qualifizierten Gesellschaft stellte ich die Frage, die niemand mit Sicherheit zu beantworten weiß. Die Lösungen, wenn sie überhaupt existieren, sind Resultate unsicherer Projektionen eigener Empfindungen, Erfahrungen und des Wissens.
>
> „Was hätte Eichmann ansonsten getan, wäre er nicht der sorgfältige Fahrzeitplaner der Todeszüge, der bürokratische Pedant, der nicht einen einzigen Menschen eigenhändig umgebracht hatte, mithilfe seines ausgeprägten Gespürs für Ordnung, Disziplin und Organisation aber Millionen getötet werden konnten?"
>
> Wir wurden daraus nicht klug. Ich selbst war überzeugt, dass er sich nicht viel von Mengele unterscheiden würde, obwohl es schwer ist, sich den Charakter und die Fähigkeiten eines Verbrecherarztes vorzustellen, der aufgrund dieser Charakteristika die „Verkörperung des Bösen" und der „Todesengel" genannt wurde.

Wem die Dokumentaraufnahmen des Verhörs Eichmanns vor dem Jerusalemer Gericht vorlagen, konnte sich schwer vorstellen, dass sich hinter dem relativ ruhigen, zeitweise gelangweilten Gesicht des Menschen, der über die Pflicht der Befehlsbefolgung (Führerprinzip, Anm. d. Übers.)[76] und über die bürokratische Planung der Dienstpläne sprach, jemand verstecken

---

natürlich gespielt waren, da ansonsten das Experiment unethisch wäre – brachten die meisten Lehrer nicht vom Foltern ab. Die Lehrer wussten nämlich nicht, dass die „Schüler" keine Schmerzen erfahren. Das Experiment, das *Studie der Gehorsamkeit* genannt wurde, hat nicht nur die Folgen des autoritären Verhaltens gegenüber den Untergeordneten aufgedeckt, obwohl in erster Linie nur das betont wird. Es deckte meiner Meinung nach auf, dass viel mehr Menschen zum Bösen neigen, als wir bereit sind, uns zu gestehen.

[76] Jalušič, V.: *Zlo nemišljenja (Das Übel des Nichtdenkens)*; S. 98

könnte, der auch mit eigenen Händen morden könnte. Wenigstens zwei Umstände lassen diese Schlussfolgerung zu.

Der erste ist Eichmanns Aussage, die auch beim Urteil zusammengefasst wurde. Einst sollte er gesagt haben: „Die Tatsache, dass ich 5 Millionen Menschen auf dem Gewissen habe, erfüllt mich mit einer solchen Zufriedenheit, dass ich mit einem Lächeln sterben werde."[77]

Eichmann verleugnete diese Aussage nicht, erklärte sie aber so, dass er mit den fünf Millionen an die Feinde Deutschlands dachte.

Der zweite Umstand ist die Zeugenaussage des jüdischen Ältesten Benjamin Murmelstein aus Wien, der aussagte, dass Eichmanns Erscheinung vor dem Gericht gespielt war. Er selber sah Eichmann als einen Dämon und einen Bluthund in mindestens einer Rolle – als jener vor seinen Augen mit einem Stock in der Kristallnacht die Wiener Synagoge zerstörte.[78]

Das Problem der Menschen, die sich laut Hannah Arendt verhalten, als ob sie lediglich die Rädchen in der Vernichtungsbürokratie seien, besteht meiner Meinung nach auch darin, dass sie die Macht und die Gelegenheit haben, anders zu handeln – die Maske der gewöhnlichen, banalen Menschen, unwichtiger Bürokraten übernehmen sie später, wenn sie ihre Taten verantworten müssen.

Der Beweis ist auch das Lustgefühl, das viele bei der Konfrontation mit den Gelöschten (engl. The Erased, war in den Medien die Bezeichnung für eine Bevölkerungsgruppe in Slowenien, die nach der Unabhängigkeitserklärung Sloweniens 1991 ohne legalen Status blieb. „Die Gelöschten" waren überwiegend Menschen aus den anderen Republiken des ehemaligen Jugoslawiens, die in Slowenien lebten. Anm. der Übers.) zeigten – Verspottung derer Not, Erniedrigung, sogar Folter, wenn die Polizei das zulässt.[79]

Hätte Eichmann anders gehandelt, hätte er die unmittelbare Gelegenheit, Menschen zu vernichten? Weniger wahrscheinlich. Seine Äußerungen zeigen auf einen tief verwurzelten Zerstörungstrieb. Vielleicht hätte er nicht

---

[77] http://www.heretical.com/miscella/eichmann.html.

[78] Pučko - Lesničar, T.: Claude Lanzmann in njegovi drobci zgodovine (Claude Lanzmann und seine Geschichtsbruchstücke), *Dnevnik*, Objektiv, 5. 4. 2014, S. 17.

[79] Verschiedene Texte aus den Werken: Dedić, Jalušič, Zorn: *Izbrisani* (*Die Gelöschten*), Ljubljana: Mirovni inštitut (Friedensinstitut), 2003 (S. 151) in Kogovšek: *Brazgotine izbrisa (Die Narben der Löschung),* Ljubljana: Mirovni inštitut (Friedensinstitut), 2010 (S. 269).

mehr als ein paar Tausend getötet, weil er mehr nicht hätte schaffen können. Aber auch Mengele hatte eigenhändig „verhältnismäßig" (sofern dieses Wort überhaupt zulässig ist, außer in einem engen Vergleich zu den Opferzahlen jener Zeit) nur wenige getötet. Trotzdem genug, um die Triebe zu zeigen, deretwegen er zu Recht Verkörperung des absolut Bösen benannt wurde.[80]

Viele Menschen sind nicht „banal", sind nicht *„ordinary people"*, sie sind Verbrecher. Viele latent, bis zur ersten Gelegenheit. Bleibt sie aus, werden diese Neigungen im Rahmen des Möglichen freigesetzt. Es sind psychopatische Vorgesetzte; wem auch immer – Arbeitern, Arbeiterinnen, Schülern, Studenten, Klienten, Patienten. Wäre diese Behauptung nicht wahr, hätten wir in den Kriegssituationen keine massenhaften Ausbrüche unvorstellbarer Grausamkeit, ausgeführt von Menschen, ungeachtet ihres Geschlechts, Alters oder ihrer Bildung. In solchen Situationen fallen jegliche Hemmungen, an den Tag kommen die niedrigsten Triebe. Man muss sich nicht weit zurück in die Geschichte begeben. Leider. Der Balkan vor 20 Jahren ist der tragische Beweis. Mehr Böses als man glauben will.

Deswegen ist die Schlussfolgerung, die Slavenka Drakulić bietet, vernünftig und notwendig. Die Politiker müssten es sich bewusst machen – und zwar nicht das, was die Autorin erwähnt, dass die gewöhnlichen Menschen zu Verbrechern werden, sondern, dass das verbrecherische Potential in vielen Menschen steckt und dass nur ein Fünkchen genügt, um es zu entflammen.[81]

---

[80] Lifton, R. J.: *What Made This Man? Mengele*, http://www.nytimes.com/1985/07/21/magazine/what-made-this-man-mengele.html.

[81] Jalušič,V.: *Zlo nemišljenja (Das Übel des Nichtdenkens)*, S. 81.

SAFARI SARAJEWO

„Du bist wieder in der Zeitung." So meldete sich ein Kollege, als wir uns vormittags auf dem Flur des Instituts begegneten. Ich wusste davon nichts. Als ich den Artikel las, in dem der Journalist auch mich erwähnte und einige meiner Aussagen zitierte, öffnete sich ein neues Kapitel in meiner Sammlung des Fachwissens über das Verhalten des Menschen. Meine zitierten Aussagen in dem Artikel war nur marginal, eine Art Veranschaulichung einer schrecklichen Geschichte, über die mir nichts bekannt war[82]. Womit ich zitiert wurde, könnte zum Verständnis mancher Gewalt beitragen. Die Leser, die nach dem Artikel Schlüsse zogen, dass auch ich die Geschichte, die der Journalist schrieb, kenne, täuschten sich. Von nichts, was geschrieben wurde, hatte ich eine Ahnung. Später stellte ich fest, dass die Mehrheit der Menschen, auch die Mehrheit meiner Kollegen, die ich befragte, nichts darüber wusste. Bei den Kollegen war ich überrascht, weil wir uns alle mit den verschiedenen Formen des unzulässigen Verhaltens beschäftigen, aber das, worüber wir lesen konnten, war trotz unseres Berufes eine Überraschung für uns alle.

Eine Vorahnung über das Verbrechen stammte aus dem Roman eines in Trieste lebenden Slowenen, des Schriftstellers Marko Sosič[83], der im Artikel vorgestellt wurde. *Ki od daleč prihajaš v mojo bližino (Der Du von fern in meine Nähe kommst)* ist ein Roman, der von einem Künstler geschrieben wurde. Der Journalist Aleksander Lucu aber entblößte in dem Artikel die Vorahnung aus dem Roman durch die Beschreibung der Verbrechensorganisation unter dem Namen Safari Sarajewo.

Ich las Sosičs Roman. Eine Verflechtung der Träume, der Realität und der Albträume, die aus der Nacht in den Tag ziehen, aus den Träumen in die Realität, aus der Vergangenheit in die Gegenwart. Nirgendwo ist ein Wort

---

[82] Aleksander Lucu veröffentlichte in *Nedeljski dnevnik* (9. September 2012) einen Artikel unter dem Titel *Menschentötung aus Lust für 100 DM (Uboj človeka iz užitka za sto mark)* und mit dem Untertitel *Psychiater in Trieste hören Geschichten über die Safari auf Menschen in Sarajevo zu.*

[83] Marko Sosič: *Ki od daleč prihajaš v mojo bližino*, Ljubljana: Študentska založba (Studenten Verlag), 2012.

zu finden, das uns den Hintergrund des Verbrechens vermuten ließe. Nur auf einer Seite des langen Romans steht ein Datum:

> „In der Zeitung, die auf einem Stapel anderer liegt, die sich überall stapeln, erblicke ich eine Photographie mit der Leiche einer Frau und eines Mannes, die im Gras neben dem umgefallenen Fahrrad liegen.
>
> Ich warte einen Augenblick, bevor ich den Arm ausstrecke und die Zeitung mit der Photographie der toten Körper nehme. Unsteten Blickes irre ich über die Buchstaben, die Titel, den Text, mein Blick weicht der Photographie aus, ich suche das Datum, das ganz oben auf der Titelseite steht:
>
> Der 13. April 1993. Mein Gott! Ich schaue auf die Photographie und den Text, der unter ihrem unteren Rand geschrieben steht.
>
> Bosnien. Opfer unter Zivilisten."[84]

Ich erinnerte mich an die Pressenachrichten vor einem Jahrzehnt und daran, wie die westeuropäischen, besonders die deutschen Reiseagenturen den „pädophilen Tourismus" anboten. Fluglinien nach Thailand waren ausverkauft. Als das mit der Zeit die Medien erreichte, was das „zivilisierte" Europa organisiert, verringerte sich tatsächlich der Verkehr in diese Länder. Die Reiseagenturen fanden aber bald Ersatzorte, die an bösartiger Verlockung dem Kindermissbrauch in Nichts nachstehen. Die Touristen werden in die arabischen Länder zur Besichtigung der Vollstreckung von Todesstrafen gekarrt.

Später erinnerte ich mich an einen Artikel, der den Besuch des russischen Dichters und Schriftstellers Eduard Limonov in Bosnien beschreibt.[85] Dort war er in den Bergen über Sarajewo, zusammen mit Karadžić (Ein ehemaliger bosnisch-serbischer Politiker, der nach dem Jugoslawienkrieg vom UN-Kriegsverbrechertribunal in Den Haag für den Völkermord in Srebrenica schuldig gesprochen wurde. Anm. der Übersetz.) und versuchte sich im Schießen mit dem Schnellschussgewehr auf die Zivilisten in der umstellten

---

[84] Ib.: S. 253-254

[85] Frelih, P.: Med vojno v BiH streljal na Muslimane (Während des Krieges in Bosnien und Herzegovina auf Moslems geschossen), *Delo*, 30. 10. 2009, http://www.delo.si/clanek/91466.

Stadt. Die Aufnahme seines Treffens und Gesprächs mit Karadžić, sowie des Schießens ist auf Youtube zugänglich.[86]

Die Ergebenheit des Künstlers der serbischen Armee und ihrem Anführer ist geradezu haarsträubend. In bescheidenem Englisch werden sie von Limonov erst gelobt: *„You are very courageous people. A great power, fifteen countries are against you. And you resist."* Nach einer Weile, nachdem er sich bemüht, ein noch besseres Kompliment zu finden, setzt er fort: *"I found the right word, it is admiration, I admire you."*[87]

Schon diese Nachricht fand ich schrecklich genug. Aber der Artikel von Aleksander Lucu geht weiter, mit Angaben zur Organisation mit dem Namen Safari Sarajewo, wovon ich zum ersten Mal hörte. Diese existierte in Italien zwischen 1992 und 1994. „Sie wurde von allen, die eine Adrenalinerfahrung dieser Art erleben wollten, besucht: Man zahlte 100 DM, wenn man jemanden töten wollte, 50 DM musste man für den Voyeurismus, also für das Beobachten einer Tötung, zahlen."[88]

Der Preis war in Wahrheit höher. Nach Lucus Bericht gibt es in Triest nicht wenige Menschen, die seit Jahren, auch seit zwei Jahrzehnten schon, beim Psychiater Hilfe suchen. Das Verbrechen suchte sie heim in Form von Traumata, die die meisten mit Alkohol zu lösen versuchen. So müssen Psychiater erst diese sekundäre Krankheit behandeln, um sich dann der ursprünglichen Krankheit widmen zu können.

Um mehr über die „Jagd auf Menschen" zu erfahren, habe ich mich später mit mehreren Menschen aus Triest, bzw. den Kennern des dortigen Geschehens unterhalten. Es gelang mir, an die Daten des Menschen zu kommen, der den Bus zur „Safari nach Sarajewo" fuhr. Wie es in solchen Fällen üblich ist, hörten viele Menschen die Gerüchte über diese Vorkommnisse, aber lange Zeit, bis zu einem gewissen Moment, konnte niemand konkrete Informationen bieten.

Auch dem Menschen, der mir als Fahrer genannt wurde, kam ich nicht näher. Ich habe es auch nicht gewollt, nicht mal, wenn es möglich gewesen

---

[86] http://www.youtube.com/watch?v=JkjPZvz27mg

[87] „Ihr seid sehr mutige Leute. Eine große Macht ist gegen Euch, und Ihr leistet Widerstand. Nun habe ich das richtige Wort gefunden, es ist die Bewunderung. Ich bewundere Euch."

[88] Quelle unter P. 82; S. 15

wäre. Ich gab mich mit dem Vertrauen, das ich zu meinem Gesprächspartner, dem Psychiater aus Triest hatte, zufrieden. Wie die Mehrheit der Menschen, die in solche Schrecken verwickelt sind, hat auch der Fahrer die eigene Verstrickung in die Tötung der Menschen negiert. Er gab lediglich zu, dass er sich um Transfer kümmerte, anderes interessierte ihn nicht. Was immer sich tatsächlich abspielte, hinterließ schlimme Folgen. Alkohol, Depressionen und ein menschenunwürdiges Leben.

Ich erinnerte mich an einen längst verstorbenen Pförtner in einem der Ministerien. Immer ordentlich angezogen in einem adretten Anzug mit Krawatte begrüßte er uns freundlich Tag für Tag bei unserem Kommen und beim Verlassen der Arbeit. Zwischendurch konnte man einen angenehmen Plausch halten, weil er ein belesener Mensch war. Weil ich noch ein junger Angestellter war, fragte ich einmal meine Mitarbeiter, wie es kommt, dass er als Pförtner arbeitet, obwohl er bestimmt weitere Fähigkeiten hat. Einer der Kollegen erzählte mir, dass er wegen Arbeitsunfähigkeit in Rente ist und hier nur auf Honorarbasis arbeitet. Nach außen konnte man nichts feststellen und auch aus dem Gespräch konnte man keine Schlüsse ziehen, dass etwas nicht stimmte. Mit dem Einbruch der Nacht kamen die Seelen jener über ihn, die er in den Tagen nach dem Ende des zweiten Weltkrieges, als Gefangene tötete. Ihre Schreie und die Flucht vor ihnen verebbten erst gegen Morgen. Es sah so aus, als ob keine Therapie die nächtlichen Albträume vertreiben konnte. Sie verschwanden nur für die Zeit, in der der Tagesraum mit uns lebendigen Menschen gefüllt wurde, die mit Gesprächen und Gesellschaft die Geister bis zur nächsten Nacht vertrieben.

So glaubte ich, dass der Fahrer aus Triest versucht, mit seiner für ihn angepassten Geschichte zu überleben und die Tagesgespenster zu vertreiben. Vielleicht kommen auch über ihn nachts die echten Bilder, die sein Leben in ein armseliges Vegetieren verwandeln.

Der Unterschied zwischen den Söldnern, die für Geld – viele auch aus anderen Gründen – kämpfen und töten, und den „Safari-Touristen", ist in der Tat schrecklich. Während die ersten, wenn sonst schon nichts, häufig wenigstens ihr Leben riskieren, wählen die anderen ihre Opfer aus einer sicheren Position heraus und töten sie. Es ist schwer, unter diesen Opfern jemanden zu finden, der kein Zivilist ist. In Sarajewo steht ein Denkmal für die 1600 getöteten Kinder zwischen 1992 und 1995. Viele waren Opfer der Aktionen „Safari Sarajewo".

Die Maske des „Kriegskünstlers"

Die Kriegsherde werden immer von den Medien „abgedeckt". Manche Berichterstattungen übersteigen die gewöhnlichen Vorstellungen von der Rolle der Berichterstatter. Im Jahre 1994 schickte England den schottischen Maler Peter Howson nach Bosnien und Herzegowina als „offiziellen Künstler des Krieges", der von ihm glaubhaft dokumentiert werden sollte. Das Kriegsmuseum in London (Imperial War Museum) ist eine Institution, die für die Dokumentation fast jeden größeren Konflikts, egal wo auf der Welt, bereits seit dem ersten Weltkrieg sorgt. Das war Howsons Aufgabe in diesem Teil des Balkans. Als 18-jähriger schloss er sich der Armee an, verließ sie aber nach einem Jahr. Diese Erfahrung ist aber für seine weitere Tätigkeit offensichtlich wichtig gewesen.[89]

Als er inmitten der blutigen Auseinandersetzungen nach Bosnien kam, arbeitete er kürzere Zeit als Maler, dann war er dem angehäuften Übel nicht mehr gewachsen. Vorzeitig kehrte er nach England zurück, wo er als Feigling empfangen wurde, der unfähig war, die Aufgabe zu erledigen. Nach einer Weile ging er zurück und es entstand eine Sammlung von Kriegsbildern. Den größten Anstoß, leider auch die gleiche Bewunderung, erntete das Bild *Croatian and Muslim – Kroate und Muslima*. Auf dem Bild sind zwei Männer abgebildet, die eine Frau vergewaltigen; die Leinwand ist groß, nämlich Lebensgröße.[90]

Das Bild begeisterte den berühmten britischen Schauspieler und Sänger David Bowie. Der Streit, der im Zusammenhang mit dem Bild entfacht wurde, galt nicht dem schrecklichen Anblick und seinem Platz im Museum. Das störte weniger. Das Problem bestand vor allem darin, dass nicht klar

---

[89] http://depo.ba/hronika/sliku-koja-prikazuje-silovanje-muslimanke-u-bosni-kupio-je-david-bowie-i-sad-ce-je-prvi-put-nakon-20-godina-javno-izloziti.

[90] Das Bild, das nicht öffentlich ausgestellt wurde, kaufte David Bowie. Anschließend bereitete er seine Vorstellung in der Öffentlichkeit vor.

war, ob der Künstler Zeuge des gemalten Ereignisses war. Weil diese Tatsache unklar blieb, wurde das Bild nicht unter andere Exponate eingereiht. Die Pflicht eines Künstlers ist, dass er malt, was er mit eigenen Augen sah, und nicht, was ihm vielleicht erzählt wurde.[91]

Man kann nicht wissen, was der Maler erlebte, wessen Zeuge er beim Schlachten auf dem Balkan war, unbestritten bleibt aber Folgendes: Peter Howson ist einige Jahre nach der Rückkehr nach England erkrankt. Er fiel in Depression, wurde alkohol- und beruhigungsmittelabhängig, was ihn in die Suizidalität führte. Susan Mansfield beschreibt ihn als vollkommen zerstörten Menschen, der viele Jahre eine intensive Therapie und Unterstützung seiner Nächsten brauchte, um wieder auf die Beine zu kommen.[92]

---

[91] Gough, P.: *Why Paint War?* Artikel, veröffentlicht am 9. Juni 2014: http://www.bristol2014.com/5/why-paint-war-art-british-artists-and-the-first-world-war.html.

[92] http://www.scotsman.com/news/artist-peter-howson-returns-after-depression-battle-1.

DIE ARMEE UND DIE MASKE DES PATRIOTISMUS

Egal wie man das Tätigkeitsfeld betrachtet, der Berufssoldat ist derjenige, der mit der Entscheidung für einen solchen Beruf in das Töten einwilligte, obwohl nicht nur darin. Das Töten ist – wie man gerne betont – nur in der Verteidigungsposition zulässig. Heute gibt niemand zu, dass er einen Angriffskrieg führt. Alle Kriege, die man in diesem Augenblick kaum durchzuzählen vermag, sind ausschließlich „Verteidigungskriege". Es werden die Freiheit und die Demokratie verteidigt; in deren Namen wird an dem einem Ende des Planeten getötet, denn nur so können beide am anderen Ende erhalten bleiben, ungeachtet der Entfernung von zehntausenden Kilometern oder von anderen Bedenken.

Gibt es bei dieser gerechten Verteidigung eine Verschnaufpause, kann sich die Armee in eine humanitäre Institution verwandeln. In diesem beinahe schizophrenen Bild ähnelt sie der Kirche. Diese wirkt einerseits wohltätig, rettet Menschen aus der Armut, hilft in den Krankenhäusern und bildet aus. Andererseits hüllen sich viele ihrer hohen Vertreter in Gold und Reichtum ein, ihre Banken sammeln Geld aus verdächtigen, auch bewiesen kriminellen Quellen.

Die slowenische Armee genoss immer ein großes Ansehen, z.B. im Kosovo. Die Hilfe, die sie der dortigen Bevölkerung zukommen ließ, übertraf alle Erwartungen. Kommandeure und Soldaten zeigten ein subtiles Gefühl für die Nöte der Menschen und für die kulturellen oder religiösen Besonderheiten.[93]

---

[93] Das Interview mit dem Brigadier Miha Škerbinc (Beilage der Tageszeitung *Dnevnik* – Das Objektiv, vom 9.9.2013) ist eine wertvolle Information über die Doktrin „Hearts and Minds", über die Gewinnung der Zuneigung der Bevölkerung. Auf die Frage des Reporters: „Der Satz, dass man Herzen und Seelen gewinnen muss, klang immer vollkommen unverständlich. Können Sie es erklären?", antwortete der Brigadier: „Ich kann. Im Kosovo liegt das Dorf Grabanica, dort lebt eine Familie, deren Namen ich nicht nennen werde, um ihre Privatsphäre zu schützen. In Grabanica kann ich als Zivilist auftauchen, wann immer ich will und alle werden mich begrüßen und sich über mich freuen. Wir, die slowenischen Soldaten, erreichten ihre Herzen. Ob auch die Seele, weiß ich nicht. Die Familie hatte elf Kinder. Zehn Töchter, der elfte war ein

Aber auch das Militär kann ein anderes Gesicht zeigen. Hier ist kein Platz und es ist auch nicht die Absicht dieses Essays, die Gräueltaten zu beschreiben, die das Militär überall auf der Welt, sei es „zivilisiert" oder „wild", im Namen irgendwelcher Interessen der Landesverteidigung, der Religion oder des Profits ausübt. Es geht mehr darum, dass man erkennt, welches Klima in der Armee als einer spezifischen hierarchischen und autoritären Institution geschaffen werden kann, und wie sich in ruhigen Zeiten eine eigenartige militärische Mentalität formt.

Um das anfängliche Missverständnis zu vermeiden: Einige Organisationen können nicht viel anders als autoritär, mit einem klaren System der Befehlserteilung und Gehorsamkeit funktionieren. Von ihnen erwarten wir eine schnelle und wirkungsvolle Lösung der Konfliktsituationen. Ein

---

Sohn. Durch das Dorf fließt ein kleiner Fluss, eigentlich ist es ein größerer Bach. Beim Regen stieg er sehr an. Der einzige Sohn ertrank darin. Sie waren Moslems, für sie war es sehr wichtig, dass die Leiche schnell gefunden und beerdigt wird. Ich beobachtete, wie sich die Einheimischen an die Arbeit machten. Unmittelbar aktivierten sie ihre Verteidigungskräfte. Es kam die Feuerwehr, aber mir war es klar, dass sie mit den ihnen zur Verfügung stehenden Kräften und Mitteln im angestiegenen Fluss den Knaben nicht finden werden. In weniger als 24 Stunden hatte ich im Kosovo eine Einheit slowenischer Taucher zusammen, die den Knaben gefunden haben. Seit diesem Moment sah das Dorf in den slowenischen Soldaten Menschen, die das, was sie sagen, ernst meinen. Ich sprach schon früher zu ihnen, dass wir dort sind, um ihnen zu helfen. Sie nickten. Das haben sie bereits ein anderes Mal gehört. Ja, ja, helfen. Dann sahen sie, dass ich weit darüber handelte, was meine Pflicht war und brachte mit dem Hubschrauber von weitem Taucher, um ein wenig ihren Schmerz zu lindern. Die Bereitschaft der slowenischen Armee, ihnen in einer Angelegenheit zu helfen, die nur deren Problem war und keine militärischen oder politischen Strategien tangierte, rührte sie. So wie mich das Verständnis meiner Vorgesetzten im Befehlsquartier in Ljubljana und derer politischen Vorgesetzten rührte, dass diese Angelegenheit für mich wichtig war. Und sie unterstützten mich. Nötig dafür waren der Wille vor Ort und die Reaktion auf die Notlage, das Verständnis seitens der Militärführung für die Bedürfnisse des Bataillonsführers vor Ort und der politische Konsens. Das sind die Angelegenheiten, die nicht vergessen und weiterverbreitet werden. Egal, wo die slowenische Uniform auftauchte, seitdem wurde sie durch dieses Prisma betrachtet. Im Kosovo trugen wir Waffen, wir arbeiteten aber nicht nur mit Waffen. Allein in der Zeit, in der ich mich dort aufhielt, haben wir z.B. eine Schule gebaut, viele Kilometer der lokalen Straßen aufgebaut oder repariert, die Brücke repariert, wir ermöglichten die Spende der Computerausstattung für eine Bibliothek und eine Moschee, behandelten Menschen und Tiere, löschten größere Feuer in der Natur, organisierten Kinderveranstaltungen; sogar einen Wolf haben wir von einer eingewachsenen Kette befreit und ich könnte noch weiter aufzählen. Das nennt man die Strategie des Gewinnens von Herz und Seele."

schwer zu lösendes Problem bleibt aber, wie man den Missbrauch im Namen der Effektivität verhindern kann. Wie es sich zeigt, gibt es praktisch kein Militär, dem dies gelingen würde. Stets kommen Brutalitäten an den Tag, die von Vorgesetzten an Untergebenen ausgeübt werden. Bietet sich die Gelegenheit dazu, werden sie (die Brutalitäten) auch an Anderen, außerhalb der militärischen Zuständigkeiten, ausgeübt.

In manchen provokativen Situationen, die weit weg von der Wahrscheinlichkeit eines bewaffneten Konflikts sind, werden Standpunkte offengelegt, bei denen man sich mit großer Sorge fragen soll, was und wann in der Vergangenheit etwas schieflief.

Anfang 2010 stellte *Mladina* (dt.: *Jugend*, unabhängiges, slowenisches aktuell-politisches Wochenmagazin; Anm. der Übers.) eine Petition vor, in der die Umstrukturierung der Slowenischen Armee vorgeschlagen wurde.[94] Das würde man durch Umqualifizierung des militärischen Personals nach dem Prinzip der Friedens- und Sozialpolitik erreichen. Einen Teil der Soldaten würde man als Sozialarbeiter umqualifizieren, die sich um Ältere kümmern würden, ein Teil für den Zivilschutz. Die finanziellen Mittel für die Armee würden so auf andere, wichtigere Bereiche des gesellschaftlichen Lebens kanalisiert.

Bei diesem Vorschlag ging es nicht um die absolute Demilitarisierung des Staates, denn für die Sicherheit und Verteidigung würden die besonders dafür ausgebildeten Einheiten der „Gardisten“ und der Polizisten sorgen. 500 Soldaten nähmen an Friedensoperationen teil, wenn sie das Mandat der UN erhielten und das slowenische Parlament ihre Teilnahme bestätigte. Die genannte Zusammenstellung wäre auch verantwortlich für die Organisation und Koordination des „Volkswiderstandes“ im Falle eines eventuellen Angriffs auf Slowenien.

Die Petition wurde von fast 9.000 Menschen unterschrieben. Unter ihnen findet man die Namen der früheren und späteren Politiker, Künstler aller Richtungen – Schriftsteller, Dichter, Schauspieler, Regisseure –, Philosophen, Ökonomen und Historiker. Unter ihnen sind Menschen, die in dem unabhängigen Slowenien glaubwürdige Politiker waren und auch sonst Topexperten auf ihren Gebieten (z.B. Wirtschaft), was bedeutet, dass sie

[94] http://www.mladina.si/49542/peticija-ukinimo-vojsko

wussten, wovon sie sprechen. Nicht zuletzt wurde sie von zwei ehemaligen Menschenrechtsschützern und auch dem ehemaligen Präsidenten der Republik Slowenien unterschrieben.

Die Reaktion des Verteidigungsministeriums offenbarte mindestens die Persönlichkeitsstruktur des Verfassers, wenn nicht auch die der späteren 1000 Unterzeichner der „Gegenpetition". Darin ist unter anderem zu lesen:

> „Auf der anderen Seite geht es um Staatsbürger, die reinen Nutznießer der oben genannten Leistungen, für die das Genießen von Luxus und Freiheitsrechten der modernen Demokratie eine selbstverständliche Kategorie wurde, einschließlich der persönlichen und gesundheitlichen Sicherheit, des Rechtes auf Meinungsäußerung und des Auslebens der hemmungslosen Lust auf Güter, die man für Geld kaufen oder mit Gewalt nehmen kann, einschließlich der Verwirklichung von Phantasien, die unter dem Titel der Päderastie und der gleichgeschlechtlichen Orientierung, sowie der Sodomie zu finden sind. Das ist aber die Kategorie der Staatsbürger – Hedonisten, die als freie Bürger in einem demokratischen Staat geboren wurden und denen diese Lebensweise zusteht. Natürlich streitet ihnen niemand diese elitären Rechte ab. Das ist ein Zusatz, den sich die Einzelnen eines Gesellschaftsstandes leisten, die sich fürs Geld alles leisten können, fast alles, und auch das sei ihnen von Gott gegeben. Von welchem Gott? Vielleicht Bakhus (röm. Gott des Weines, Anm. der Übers.) oder einem anderen, den Medien bekannteren?! /.../ Die Mehrheit der Männer lebt in der Überzeugung, dass sie über diese Angelegenheiten Bescheid wissen und noch mehr. Gleichzeitig wissen sie aber nichts. Auf dem Stammtischniveau sind das Liebhaber, denen die geheimen G-Punkte keine Unbekannten sind, beim Fußball sind das beispiellose Strategen, von denen man weit und breit keinen zweiten findet."

Das Dokument bereitete der Vizepräsident der Gewerkschaft des Verteidigungsministeriums der Republik Slowenien (MORS – Ministrstvo za obrambo Republike Slovenije) vor, die Unterzeichnenden sind Mitglieder des

Gewerkschaftsvorstandes – der Vorsitzende und drei Sekretäre.[95] Es hat sich aber erwiesen, dass nicht alle Angehörige der Slowenischen Armee diese extremen Standpunkte teilen. Mit einer Stellungnahme meldete sich die Gewerkschaft der Soldaten Sloweniens:

> „Der Vizepräsident der Gewerkschaft des Verteidigungsministeriums, Jožef Tišlarič hat, wie er sagt, die Unterzeichner der Petition für die Auflösung der Armee im Affekt als Päderasten, Homosexuelle und Sodomiten bezeichnet, womit die Gewerkschaftsführung bei der Unterzeichnung der Stellungnahme im Ganzen zustimmte. Aufgrund des objektiven Informierens der Öffentlichkeit sind wir, die Gewerkschaft der Soldaten Sloweniens, gezwungen, uns von solchen Äußerungen und Gruppen in dem sozialen Medium Facebook, deren Autoren der Gewerkschaftsführung des Verteidigungsministeriums entstammen, zu distanzieren.
> Der Vorsitzende der Gewerkschaft der Soldaten Sloweniens."[96]

Das Bezeichnen von Menschen, die sich auf eine zulässige, argumentierende und kultivierte Weise für die Änderungen einsetzen, als Päderasten, Homosexuelle und Sodomiten sagt alles über die Bezeichnenden aus. Das Ereignis erinnert an die berühmte Szene aus dem Film *A Few Good Men – Eine Frage der Ehre*. Der Militärstaatsanwalt (Tom Cruise) beschuldigt den Oberst Jessup (Jack Nicholson), das Foltern eines Soldaten angeordnet zu haben, der an dessen Folgen starb. Dazu soll es nach geltenden internen, lediglich mündlich abgesprochenen, Regeln gekommen sein, die man im Umgang mit ungehorsamen oder anders denkenden Soldaten anwendete. Während des Plädoyers verliert der angeklagte Oberst die Nerven. Alle, die mit seinen Methoden nicht einverstanden sind, bezeichnet er als Unwissende, die die Armee schützen muss, damit sie jeden Morgen in Frieden

---

[95] http://www.narobe.si/myblog/slovenska-vojska-o-homo-fantazijah

[96] http://www.arhivsvs.si/media/DIR_145406/Opredelitev$20SVS$20do$20peticije$20UKINIMO$20VOJSKO.pdf

aufwachen können. Die Wahrheit dürften sie überhaupt nicht erfahren, weil sie mit ihr weder verantwortlich umgehen könnten noch können.[97]

Oberst Jessup verfällt dabei in eine Art Trance, eigentlich bricht aus ihm der Hass aus, allen Menschen gegenüber, die die entsprechenden Standpunkte nicht mit ihm teilen. Mit seinem Geständnis, dass er die Strafe an allen Gesetzen und Prinzipien vorbei anordnete, dass er das Leben eines Soldaten in eigene Hand nahm, begreift er nicht, dass ihm das Gericht nicht untergeordnet ist, wie es alle in der Armee sind. Er schreit die Geschworenen und die Richter an, als ob auch ihr Schicksal nur in seinen Händen läge. Noch als ihn die Polizisten aus dem Gerichtssaal zerren, ist er überzeugt, er sei der Herrscher über alle Seelen, die die Ehre und die Stärke des Soldatenberufs nicht begreifen.

Die gleiche Pathologie kann man den Worten der hohen Vertreter der Slowenischen Armee entnehmen. Statt sie sofort in den Ruhestand zu beordern, folgte eine verhältnismäßig laue Reaktion der damaligen Verteidigungsministerin.

Hat nicht Janez Janša (slowenischer Politiker, seit 1993 Vorsitzender der Slowenischen Demokratischen Partei, Anm. d. Übers.) im Jahr 1994 genauso gedacht und agiert, als seiner Überzeugung nach die Armee die absolute Herrschaft über die Zivilisten erhalten sollte? Wenigstens er musste damals unverzüglich von dem Militärposten zurücktreten. Das slowenische Parlament erkannte rechtzeitig die drohende Gefahr.[98]

Leider handelt es sich nicht nur um eine Ähnlichkeit mit dem Plot eines Films. Das Erzeugen einer ähnlichen Atmosphäre, der Standpunkte und der Neigungen in der Armee hat Folgen, von denen im realen Leben berichtet

---

97 »*You can't handle the truth!*«, sind verachtende Worte des Oberst Jessup, die er an jeden richtet, der seinen Methoden "der Sicherheitserhaltung" widerspräche, in deren Namen der gebotene Tod des Soldaten verständlich und gerechtfertigt ist. (https://www.youtube.com/watch?v=9FnO3igOkOk).

98 Es handelte sich um die Affäre Depala Vas, bei der die Angehörigen der Slowenischen Armee mit einem Zivilisten so verfuhren wie nur die Polizei verfahren darf. Janez Janša war der Verteidigungsminister und versuchte mithilfe einiger, zwar weniger, Rechtsexperten die angebliche Rechtmäßigkeit dieses Handelns zu begründen, das aber gesetzeswidrig war. Das Akzeptieren einer derartigen Logik hätte bedeutet, dass die Armee die Herrschaft im Staat übernommen hätte.

wird. *Delo* (slow. Tageszeitung) veröffentlichte einen Artikel von Naomi Wolf, die Folgendes schreibt:

> „Die neuste ‚Vergewaltigungskultur', die vor kurzem in Dokumentarfilmen, Gerichtsklagen und in Gesetzgebungsverfahren aufgedeckt wurde, ist ein Bestandteil der Streitkräfte der USA. Im *Guardian* wurde 2011 berichtet, es sei wahrscheinlicher, dass die Soldatinnen im Irak von eigenen Kollegen vergewaltigt, als dass sie im Kampf mit feindlichen Kräften sterben werden.
>
> Die gegen amerikanische Soldatinnen gerichtete sexuelle Gewalt ist so etabliert, dass sich eine Gruppe von Veteranen entschlossen hat, das Pentagon zu verklagen und somit Änderungen in der amerikanischen Armee anzuregen. 25 Frauen und drei Männer behaupteten, während der Ausübung militärischer Aufgaben sexuell angegriffen worden zu sein und erhoben Anklage gegen die Verteidigungsminister Donald Rumsfeld und Robert Gates. In der Anklageschrift stand, die Minister hätten die institutionelle Kultur toleriert, nach der alle, die Angriffe melden, belangt werden, während die Angreifer von niemandem bestraft werden."[99]

Amy Ziering und Kirby Dick haben im Jahr 2013 zu diesem Thema einen Dokumentarfilm gedreht, der später für den Oscar nominiert wurde, *The Invisible War – Der unsichtbare Krieg*. Der Film war überzeugend genug, um die Maßnahmenergreifung durch das amerikanische Militärkommando zur Vermeidung von sexueller Gewalt auszulösen.[100]

Aus dem Interview mit der Produzentin Amy Ziering und dem Regisseur Kirby Dick ist ersichtlich, wie schwer es war, das Vertrauen vieler Opfer von sexueller Gewalt für das Mitwirken im Film zu gewinnen. Erschreckend dabei ist besonders die Erkenntnis, dass die Vergewaltigung der Untergebenen für viele vorgesetzte Offiziere etwas ist, womit die Opfer rechnen müssen, wenn sie sich für diesen Beruf entschieden haben.[101]

---

[99] http://www.delo.si/clanek/258459

[100] http://www.pbs.org/newshour/bb/entertainment-jan-june13-invisiblewar_02-18

[101] http://www.pbs.org/independentlens/blog/invisible-war-filmmaker-kirby-dick.

Die tragischen Ereignisse bringen Licht in die Umstände, die meist im Schatten bleiben. Die Ermordung des Polizisten, die im September 2014 in Litija von einem Angehörigen des Verteidigungsministeriums verübt wurde, hat – wie alle ähnlichen Ereignisse – zu zu vielen Vorwürfen auf Kosten der Armee als Institution geführt. Die Erklärung des Pressebeauftragten des Verteidigungsministeriums scheint annehmbar. Der Soldat hatte viele persönliche Probleme, aufgrund derer ihm der Zugang zu den Waffen verwehrt und er in die Militärküche versetzt wurde.[102]

Daraus kann man begründet schließen, dass sich seine Not noch früher gezeigt hätte, wäre er entlassen worden, nachdem er keine Waffen mehr benutzen durfte. Bei den Debatten über die Zustände in der Slowenischen Armee kamen Dinge an den Tag, die mit der tragischen Ermordung nicht in Verbindung stehen, dennoch begründete Bedenken über den Umgang der Vorgesetzten mit den Soldaten erwecken.

Der Vizepräsident der Gewerkschaft Armee, Verteidigung und Schutz, Boštjan Korelc, sagte über die Verhältnisse in der Armee Folgendes:

> „Der Standpunkt der Armee ist nur eine Taktik zur Irreführung und um zahlreiche Anomalien und Missbräuche innerhalb der Slowenischen Armee zu verdecken. A., der die ganze Zeit auf die Strafhandlungen der Befehlshaber hingewiesen hat, erlebte deswegen nur Misshandlung, Rache und Kündigung. Missbrauchsfälle sind verschieden, von der sexuellen Belästigung, der Misshandlung von Untergebenen, bis zu Drohungen, Schikane, Folter .... Die Befehlshabenden verhalten sich Soldaten gegenüber, als ob sie Roboter und ihre Leibeigenen wären. Noch immer werden einige Befehlshaber beschäftigt, die wegen Misshandlungen verurteilt wurden, aber sie sind loyal und werden geschützt. Die Kommandostruktur erschuf ein Milieu, in dem sich Opfer von Straftaten und deren Zeugen nicht zu sprechen trauen.“[103]

Das slowenische Bild ähnelt leider den amerikanischen Filmen und den dortigen Verhältnissen. Dabei handelt es sich nicht um eine Nachahmung.

---

[102] http://www.delo.si/novice/kronika/dusan-petrovcic-ob-zaposlitvi-izpolnjeval-pogoje.html.

[103] Fajfar, S.: Vojska lahko in mora pomagati svojim vojakom (Die Armee kann und muss ihren Soldaten helfen), Delo, 27. 8. 2014, S. 8

Es handelt sich um Prozesse, die überall gleich entstehen, sobald sich der Einzelne oder die Gruppe das Recht nimmt, über die Schwächeren oder Untergebenen zu verfügen. Der heimische Fall unterscheidet sich von dem amerikanischen vor allem im Umfang und in der Möglichkeit, aufgrund der Geringfügigkeit, die Angelegenheiten in Ordnung zu bringen, falls die Führung das wünschte. Die Natur der Missbräuche gleicht jenen im Heim Ivan Oražen, die Reaktion der Leitungen – von Armee und der medizinischen Einrichtung – ist auch ähnlich unauffällig.

Wer die Stimme erheben würde, riskiert, des Landesverrats beschuldigt zu werden. Die Maske des Patriotismus sichert die Immunität.

MISSBRAUCH DES PATRIOTISMUS

„Die Gelöschten sterben allmählich, denn wir lösen ihr Problem nicht."
Dr. Aleksander Doplihar (Leiter der Ambulanz für Menschen ohne Krankenversicherung in Ljubljana, Anm. d. Übers.), Interview 2011

1 Die Gelöschten

Am tiefsten fällt die soziale Gemeinschaft, wenn sie den Patriotismus durch Hass auf einem Teil ihrer Gemeinschaft festigt. Zwei Jahrzehnte waren nötig, damit sich unter den Slowenen langsam eine Vorstellung über das Verbrechen, das wir begangen haben, bildete. Es handelt sich um das größte Kollektivverbrechen nach 1945, bei dem damals mehr als 10.000 Menschen getötet wurden.[104] Die Tat im Jahre 1994 erhielt den Namen „Administrativer Genozid". Der Staat, wer auch immer – und es sind einige – sich darunter versteckt, löschte mehr als 25.000 Menschen. Über Nacht hörten sie auf zu existieren. Dem Administrativen Tod folgte nicht selten der echte. Manche begaben sich auf die Suche nach Geburtsurkunden oder Staatsangehörigkeitspapieren in Orten, in denen noch Krieg tobte. Dort konnten sie entweder eingezogen oder getötet werden. Andere verließen Slowenien und über sie ist verhältnismäßig wenig bekannt. Am wahrscheinlichsten ist die Vermutung, dass die Mehrheit im Ausland ein Schattendasein führte, das für sie ein richtiges Ausland war, weil sie die meisten Jahre, nicht selten ihre ganzen Jahre, in Slowenien verbrachten. Die meisten blieben in Slowenien, wo sie auch ein Schattendasein führten, abhängig von

---

[104] Sever, J.: Interview mit der Forscherin Tadeja Tominšek-Rihtar, die beim Projekt *Smrtne žrtve druge svetovne vojne in zaradi nje med prebivalstvom današnje Republike Slovenije 1941–1946 (Todesopfer des 2. WK und seine Folgen unter der Bevölkerung des heutigen Sloweniens)* die Opferkategorien und Opferzahlen während und unmittelbar nach dem 2. Weltkrieg untersucht hat. Die Zahl der nach dem Krieg Getöteten beläuft sich nach ihrer Einschätzung auf ca. 13.200 Personen (Mladina 12, 24. 3. 2004).

der Hilfe auf ihre Not reagierender Nachbarn, Freunde oder ganz unbekannten Slowenen, denen das Verbrechen und die Notwendigkeit, dieses Unrecht wiedergutzumachen, bewusst waren.[105]

Keine Regierung war bisher bereit, den Status der Gelöschten gemäß dem Entscheid des Verfassungsgerichts zu korrigieren; genauso fruchtete (bisher) auch der Entscheid des Europäischen Gerichtshofes für Menschenrechte nicht.

Wir dürfen uns nichts vormachen. Hätte der Krieg in Slowenien länger gedauert, wären unter den ersten Opfern die Menschen, die sich auf den Listen der Verwaltungsorgane als „unechte Slowenen, Südländer, Menschen, die angeblich gegen das unabhängige Slowenien waren" und ähnlich gedachten Kategorien vorfanden. Dann wäre der Administrative Genozid in einen echten, blutigen übergegangen.

Trotz der genauen Untersuchungen dieser Tat war es nicht möglich, die Geburt dieser dunklen Idee festzustellen.[106] Manche erwähnen Jože Pučniks (slow. Politiker, Anm. der Übers.) Rede in Ljutomer und definieren sie als Ausdruck einer breiteren Ideologie.[107]

> „Wir müssen darauf vorbereitet sein, dass wir das Erbe der jugoslawischen Föderation vielleicht auch auf unliebsame Art abschaffen. Es wird auch nötig, auszurechnen, welche Folgeprobleme in fünf oder

---

[105] Unter ihnen ist Dr. Aleksander Doplihar, ernannt zum „Slowenen des Jahres", der eine medizinische Ambulanz leitete, in der er vor allem zahlreichen Gelöschten half, die nirgendwo eine entsprechende medizinische Versorgung erhalten konnten, außer evtl. erste Hilfe in der Notaufnahme. Auf die Frage, wer alles die Dienstleistungen seiner Ambulanz Pro bono beansprucht, antwortete er: „Die meisten sind die Obdachlosen, die zweite große Gruppe bilden die Gelöschten, die allmählich sterben, weil wir ihr Problem nicht lösen." Quelle: Zgonc, D.: Interview: Aleksander Doplihar, Leiter der Ambulanz Pro bono für Menschen ohne Krankenversicherung, *Viva,* 29. 3. 2011, http://www.viva.si/Intervju/6936/Intervju-Aleksander-Doplihar-vodja-ambulante-Pro-bono-za-osebe-brez-zd.

[106] Zu diesem Thema entstanden einige ausgiebige Untersuchungen; zuerst *Die Gelöschten* (2003, Dedić, Jalušič, Zorn), dann *Die Narben der Löschung* (2010; Kogovšek et al.) und nicht zuletzt *Juristische Aspekte der Löschung aus dem Register der Wohnbevölkerung* (2011; Kogovšek, Dissertation).

[107] Repe, B.: Pučniks Verantwortung; Es ist nicht möglich, der These zuzustimmen, die Löschung sei nicht der Ausdruck der breiteren Ideologie gewesen, die aus Pučniks „freimütiger" Rede in Ljutomer entgegenschlägt; *Mladina,* 3. 1. 2014, http://www.mladina.si/152489/pucnikova-odgovornost

zehn Jahren zusammen mit den Forderungen nach kultureller Autonomie entstehen würden."[108]

Das ist die Niederschrift der Worte Pučniks auf dem besagten Treffen 1990. Jedenfalls haben sich die Linke und die Rechte angeglichen, denn es existierten nur wenige Versuche einer Gegenreaktion zur Löschung, ungeachtet dessen, wie die Regierungszusammenstellung in den letzten 20 Jahren war.

Bei den Gelöschten fiel auch die slowenische Kirche, bzw. ihr damaliges Oberhaupt, Dr. Rode, ins Gewicht. Er äußerte, dass der slowenische Staat keinerlei moralische Verpflichtungen gegenüber jenen hat, die nicht für das unabhängige Slowenien stimmten.[109] Daher ist es nicht verwunderlich, dass noch im Jahr 2008 laut einer Meinungsumfrage gut ein Drittel der befragten meinte, dass die Gelöschten Gegner des unabhängigen Sloweniens waren, davon Hälfte meinte sogar, sie seien Volksverräter.[110] Ob Slowenien verpflichtet sei, das Urteil des Verfassungsgerichts über die Gelöschten zu vollziehen, verneinten noch im Jahr 2009 30% der Befragten, im Jahr 2003 waren es noch 50%.[111]

Niemand störte sich an der offensichtlichen Unlogik in der Verbindung von Begriffen und Tatsachen. Es ist nicht nur unmöglich, sondern auch gesetzeswidrig, festzustellen, wie sich jemand zur Unabhängigkeit Sloweniens erklärte. Es war das Verfassungsrecht eines jeden Wählers, für oder gegen das unabhängige Slowenien zu stimmen. Das ist nämlich das Wesentliche eines Referendums.

Aus den zahlreichen Aussagen, die in den genannten Untersuchungen gesammelt wurden, ist ein wahres Aufgeilen der Bürokraten über die Einzelnen, die gelöscht wurden, ersichtlich; sie lachten über die Frauen, die ohne Ehemänner blieben; über die Kinder, die nach der beendeten Hauptschule bei den Behörden Bestätigungen für weiterführende Schulen beantragten und nicht verstanden, wie ihnen geschah. Das Ihrige fügten noch

108 Ib.

109 Radio Slowenien, *Studio ob sedemnajstih (Studio um siebzehn Uhr)*, 15.12.2003

110 Kogovšek et al.: *Brazgotine izbrisa (Die Narben der Löschung)*, Ljubljana: Mirovni inštitut (Friedensinstitut), 2010, S. 10 (269 S.)

111 Ib.

die repressiven Organe hinzu, besonders die Polizei, häufig mit brutalem Umgang und Missbrauch der Gelöschten, die bereits mit ihrem Status in eine Art Illegalität gedrängt wurden.

Besonders für die Slowenen bestätigte sich die alte und überprüfte Wahrheit – wenn wir die Gelegenheit haben, missbrauchen und vernichten wir den Schwächeren. Dieser rote Faden zieht sich durch mehr als ein Jahrhundert, wenn wir den Protestantismus und die Gegenreformation vergessen. Wenn aus dem Knecht der Herr wird, muss er – laut Cankar (Slow. Schriftsteller und Dichter, 1876-1918) – einen Knecht finden.

2 Schutz der Heimat

Internierung amerikanischer Staatsbürger japanischer Abstammung

Anfang des 2. Weltkrieges, nach dem Angriff der Japaner auf den amerikanischen Stützpunkt Pearl Harbour, haben die Amerikaner auf Befehl von Präsident Roosevelt 117.000 eigene Staatsbürger japanischer Abstammung in besonderen Lagern interniert. Die meisten wurden von der Westküste umgesiedelt, wo sich die amerikanischen Militärstützpunkte befanden. Die Amerikaner haben vermutet, dass die dort lebenden Japaner mit den Angreifern kooperieren und unter Anderem wichtige Daten über die militärische Struktur und Verteidigung weitergeben könnten. Die offizielle Erklärung für diese Maßnahme lautete, das sei zu ihrem eigenen Schutz, weil sie dem Ärger und den möglichen Angriffen ihrer Landsleute ausgesetzt wären, die wegen des Angriffs Japans auf die USA betroffen waren.[112]

Die Ironie dieser Geschichte war, dass das Regiment 442 eine amerikanische Kampfeinheit war, die im 2. Weltkrieg die meisten Auszeichnungen bekam. Die Einheit wurde von der amerikanischen Regierung für die

---

[112] Einer der meistbeachteten Einsprüche gegen diese Erklärung kam von einem japanischen Internierten, der fragte, warum die Wachen in den Türmen ihre Gewehre immer gegen die Internierten gerichtet hielten und nicht nach außen, wenn man den eventuellen Angriff auf das Lager abwehren sollte. Quelle: www.archives.gov/education/lessons/japanese-relocation

Kämpfe in Europa 1944 gegründet und bestand ausschließlich aus amerikanischen Staatsbürgern japanischer Abstammung.[113]

Es ist interessant, dass das Oberste Gericht Amerikas bereits 1944 zugunsten von Mitsuye Endo entschied, der gegen die Internierung Einspruch einlegte. Den Lokalbehörden, die für die Unterbringung der Staatsbürger japanischer Abstammung in den Lagern zuständig waren, legte es auf, dass er ohne Bewährung freigelassen werde.[114]

Die meisten hatten kein solches Glück. Die Internierten hatten 48 Stunden Zeit, um sich auf die Abreise vorzubereiten. In dieser Zeit erschienen Menschen wie Geier, die darauf warteten, deren Land und weiteres Vermögen zu einem symbolischen Preis abzukaufen. In absoluter Not und Ungewissheit stimmten die Internierten solchen Angeboten zu, die sich nach Aussagen mancher Opfer nicht vom Raub unterschieden.[115]

Trotz schlechter Verhältnisse waren die Lager in nichts mit den deutschen oder italienischen Lagern vergleichbar. Japanische Amerikaner organisierten mit der Zeit das Leben und die verschiedenen Tätigkeiten in der Internierung, aber sie wurden allzeit bewacht und waren hinter Stacheldraht.

Die Untersuchung der Internierungsmaßnahmen während des Krieges fing erst zur Zeit des Präsidenten Carter an. Später, im Jahr 1988, unterzeichnete Präsident Reagan ein Gesetz (*Civil Liberties Act*), das eine Entschuldigung für die damalige Entscheidung signalisierte. Die Maßnahme gründete, wie zugegeben wurde, auf Rassenvorurteilen, Kriegshysterie und falscher Einschätzung der Politik. Noch lebenden Internierten wurde eine Entschädigung i.H.v. 20.000 $ zugesprochen.

---

113 Ib.

114 Neben diesem Beschluss existiert noch mindestens ein anderer, ein vollkommen entgegengesetzter. Fred Korematsu erhob 1944 genauso Anklage wegen der Internierung; das oberste Gericht aber entschied, dass der Internierungsbeschluss im Einklang mit der amerikanischen Verfassung sei. Drei Richter waren nicht derselben Meinung wie die Mehrheit. In unterschiedlichen Gutachten kann man die Gründe des Richters J. Murphy nachlesen: „Eine solche Isolierung (Internierung; Anm. des Autors) geht über die Grenze der Verfassungsermächtigungsgesetze und fällt in den hässlichen Abgrund des Rassismus." Quelle: www.law.cornell.edu/supremecourt/text/323/214.

115 www.historyonthenet.com/ww2/japan_internment_camps.htm.

Goli Otok (Kroatisch für „Kahle Insel")

Die Umstände im Jahr 1948 waren kompliziert. Im jugoslawischen Volk war die Erinnerung an die tausenden russischen Soldaten, die für die Befreiung Belgrads im Herbst 1944 ihr Leben ließen, noch lebendig. Genauso wurde die Freundschaft unter den östlichen Verbündeten geschmiedet, die durch Idee und Praxis des Kommunismus verbunden waren. Nun war diese Idee nicht überall gleich verstanden worden. Stalins Auffassung von Einigkeit ging über das für Jugoslawien Annehmbare hinaus, das nur einer der sowjetischen Satelliten hätte werden sollen. Der Staat widersetzte sich dem russischen Diktat; als Folge wurde von allen Seiten Druck ausgeübt, vor allem von der rumänischen, ungarischen und bulgarischen Seite, alles natürlich auf Geheiß Moskaus. Es bestand die reelle Gefahr eines neuen Krieges.[116]

Es tauchte ein Problem auf, das noch am besten in den Bereich Soziale Psychologie einzuordnen ist. Wie ist es möglich, wortwörtlich über Nacht die Standpunkte und die Gefühle der Menschen zu ändern und sie davon zu überzeugen, dass der gestrige, beste Freund der heutige Feind sei? Wie ist es möglich, in dem Menschen, dessen Portraits überall und neben den Bildern von Präsident Tito hingen, plötzlich den Feind zu sehen? Wie die

---

116 Nirgendwo konnte ich die Angabe überprüfen, die mir ein bereits verstorbener Beteiligter des Krieges in Jugoslawien (1941-1945) anvertraute. Nach seiner Erzählung drang in jener kritischen Zeit in Jugoslawien von der ungarischen Seite ein motorisiertes Regiment ein. Im Gefecht wurde es niedergeschlagen; der Aggressor hätte angeblich 3.000 Opfer zu beklagen, auf der jugoslawischen Seite sollte es 1.500 gefallene Soldaten geben. Dieser Inzident größerer Dimension (Kleinere Inzidente an der Nord- und an der Ostgrenze gab es hunderte) sollte beweisen, dass Jugoslawien eine erneute Besetzung nicht zulassen wird, ungeachtet der Erschöpfung, der Opfer und der Trümmer des neuerlichen vierjährigen Krieges. Deswegen gab es seitdem keinen ähnlichen größeren Angriff mehr. Ein Kollege, ein Historiker, bestätigte mir die Möglichkeit eines solchen Ereignisses und vor allem von Verheimlichungen eines solchen. In jenen Zeiten schien es riskant, die Angaben über größere Opferzahlen zu veröffentlichen, auch wenn sie auf der Seite des Aggressors waren. Es galt, die Sowjetunion schon wegen historischer Umstände – viele ihrer Soldaten, die bei der Befreiung Belgrads und eines größeren Territoriums Jugoslawiens gefallen sind – nicht als einen Verlierer mit zahlreichen Toten darzustellen.

Lieder, die ihn bei jeder Gelegenheit rühmten, wegzudenken? Für viele unmöglich. Unter ihnen waren viele bedeutende Menschen, die in der Sowjetunion geschult wurden, vor allem als Offiziere. Diese arbeiteten jetzt in der jugoslawischen Armee. Konnte man sich auf sie verlassen?

Dedijer (Vladimir Dedijer war ein jugoslawischer Partisan, Journalist, Politiker, Historiker, Autor und Vertrauter von Josip Broz Tito, Anm. d. Übers.) schrieb, dass der Kampf für die Unabhängigkeit der jugoslawischen Völker nach Kardeljs Worten (Edvard Kardelj, slow. Politiker, Anm. d. Übers.) einen „kleinen Bürgerkrieg" fordern wird.[117] Noch im selben Jahr wurde der passende Ort für ein Konzentrationslager gefunden. Goli otok. Über das Regime und die Grausamkeiten wurde bereits alles geschrieben. Pirjevec (Jože Pirjevec, Professor für Geschichte und ausgewiesener Tito-Experte, Anm. d. Übers.) weist auf eine überraschende Angabe hin, wonach sich Kardelj dafür einsetzte, dass die UNO in die Erklärung über die Menschenrechte ein Amendement eintragen würde, das es jedem Staat ermöglichen würde, seinen Staatsbürgern die Freiheit auf unbegrenzte Zeit zu nehmen, und zwar durch einen Verwaltungsakt, sollte eine Bedrohung der Unabhängigkeit evident sein. Der Antrag wurde dank des damaligen Vertreters Jugoslawiens in der UNO, Aleš Bebler, abgelehnt.[118]

Wie viele Anhänger des Informbüros, der Organisation unter Stalins Patronat, die die kommunistischen Parteien der einzelnen Staaten vereinte, gab es? Nach der Einschätzung des damaligen Amtes für innere Angelegenheiten waren es im Jahr 1949 ca. 4.000, in den folgenden Jahren wurden es immer weniger.[119] Aus dieser Angabe kann man schließen, dass es sich nicht um eine so große Gefahr handelte, die man nicht auf eine annehmbare und menschliche Art in den Griff hätte bekommen können.[120]

---

[117] Pirjevec, J.: *Tito in tovariši (Tito.Die Biografie,* Antje Kunstmann Verlag, München 2016), Ljubljana: Cankarjeva založba, 2011, s. 275 (712 s.)

[118] Ib., S. 276

[119] Ib., S. 275

[120] Über die unbestritten realisierbaren anderen Möglichkeiten des Vorgehens mit den Inhaftierten auf Goli otok sprach auch Predrag Matvejević im Interview anlässlich der Veröffentlichung der Liste mit allen Verurteilten, wofür das Parteiblatt der Kroatischen Demokratischen Linken *„Novi plamen" („Neue Flamme"*, Anm. d. Übers.) im Januar 2014 sorgte. Auch der ehemalige Inhaftierte Miha Cenc teilte seine Ansichten mit. Dieser gestand, dass (wir) alle eine

Jugoslawien war nicht imstande, Verhältnisse zu schaffen, die wenigstens ein Bisschen an die amerikanische Vorgehensweise mit „ihren Japanern" erinnern würden. Die Führer von Goli otok entpuppten sich als Folterer und Sadisten. Für die Inhaftierten war es am Schlimmsten, dass sie nach dem Leid, das ihnen während des Krieges durch den Feind zugefügt wurde, das Leid erlebten, das ihnen mit Lust durch ihre Landsmänner, auch verwandte oder ehemalige Mitkämpfer, zugefügt wurde. Die Führung förderte die niedrigsten Instinkte unter den Verurteilten – Denunzierung, physische Gewalt – nach dem Prinzip, dass der Einzelne nur auf Kosten des Anderen überleben kann. Weil ein solches Verhalten die Bedingung für die versprochene Freiheit bedeutete, wurde es zur moralischen Norm für jeden, wenn er überleben wollte.

Auch wenn die Politiker nicht die Absicht hatten, dass die revolutionäre Gewalt in so schrecklichen Formen ausgeübt wird, hätte es ihnen bewusst sein müssen, dass es dazu früher oder später kommen wird, sollten Goli otok und andere ähnliche Lager ohne Aufsicht bleiben. Das hätten viele von ihnen aus ihren eigenen Gefängnis- oder Lagererfahrungen wissen müssen. Es gibt keinen Grund, dass sich diese Sachen nicht auch heute wiederholen könnten, böte sich die Gelegenheit dazu. Der Beweis sind die Lager während des letzten Balkankrieges, in dem Jugoslawien zerfiel. Es zerfielen auch alle Werte der Menschlichkeit, soweit sie in einem Krieg überhaupt lebendig bleiben können.

Ist es möglich, mit Hannah Arendt die Frage zu stellen, wie viele „banale" Persönlichkeiten sich unter den Verwaltern und Wächtern auf Goli otok vorfanden? Wie viele unter ihnen waren freundliche, alltägliche, fürsorgliche Väter und Ehemänner, die sich nach vier Kriegsjahren schon vier Jahre ihren Familien, Ehefrauen, Kindern und Freunden widmeten? Und wie viele ließen sich in den Strudel der Gewalt gegen ihre Freunde, Mitkämpfer von gestern ziehen, die allesamt bereit waren, für die Freiheit das Leben im Kampf mit dem Feind zu opfern, nun ist aber ihr Nächster der schlimmste Feind geworden? Diese „banale Menschen" waren in der Tat keine unscheinbaren Bürger mit unauffälligem Verhalten, und wenn sie auffällig

---

falsche, auf den Kopf gestellte Moral übernahmen." Quelle: RTV Slowenien, *Odmevi* (Reaktionen), 9.1.2014.

waren, waren sie dies mehr im Guten als im Schlechten. Nein, diese Menschen stellen das Beste dar, was die Gemeinschaft besaß. Sie waren Revolutionäre, Vorkämpfer, Stürmer und hatten großes Glück, nach all den Gefechten, Offensiven und Sturmangriffen am Leben geblieben zu sein. Es waren auch Nationalhelden, Menschen, die den spanischen Bürgerkrieg, vier Jahre des jugoslawischen Partisanentums, den illegalen Vorkriegsaktivismus, Gefängnisse und Folter hinter sich hatten. Und es geschah, dass sie die schlimmsten ihrer überstandenen Erfahrungen ihren Genossen, ihren Mitkämpfern, zukommen ließen. Stünde im Hintergrund ihres Terrors nur die Überzeugung, dass es sich um einen echten inneren Feind handle, würden sie vielleicht auf einer wahrhaftigen Umerziehung beharren, egal wie absurd sich das anhört. So aber ergötzten sie sich an Spielen, die sie mit den Verurteilten spielten, genau wissend, dass die „Revision der Standpunkte" (wie der Prozess des Fehlereingestehens genannt wurde) der Gefangenen nur durch ständiges Denunzieren untereinander und durch die Zerstörung der Würde des Menschen in Betracht kommt. Es ist schwer, einen festeren Beweis dafür zu finden, dass in (zu) vielen Menschen das Böse immanent ist. Es geht nur um die Gelegenheit.

PÄDOPHILIE UND DIE MASKE DES GERECHTIGKEITS-FANATISMUS

1 Dänische Fiktion

2012 entstand der Film *„Die Jagd"* des dänischen Regisseurs Thomas Vinterberg. Er beschreibt einen Erzieher im Kindergarten, der von einem 3-jährigen Mädchen der sexuellen Belästigung beschuldigt wird. Der Prozess beginnt dem Schein nach vorerst korrekt, bald wird aber klar, dass alle Involvierten auf der Seite des Mädchens sind. Eine der erschütterndsten Szenen zeigt, wie das Mädchen getröstet wird, es sei nicht falsch, wenn sie sich an nichts erinnert. Das sei nämlich normal, denn so schlimme Dinge musste es vergessen. Obwohl es sich um ein Geschehen im ländlichen Milieu handelt (vielleicht gerade deswegen), wo sich alle kennen und freundschaftlich verbunden sind – die Eltern des Mädchens sind die besten Freunde des angeklagten Erziehers – wenden sich alle gegen ihn. Auch die späteren Aussagen des Mädchens, wonach sie sich die Sachen ausgedacht hatte, rufen nicht den kleinsten Zweifel zugunsten des Angeklagten hervor, erst recht nicht Mitleid oder den Wunsch, die Angelegenheit aufzuklären.

Der Erzieher wird inhaftiert und die Mehrheit der Kindergartenkinder sagt gegen ihn aus. Alle wiederholen eine ähnliche Geschichte mit einem wesentlichen Fehler, der den Erzieher rettet und ihn aus dem Gefängnis wieder nach Hause führt. Die Kinder sprechen vom Keller im Haus des Erziehers. Es stellt sich heraus, dass sein Haus gar keinen Keller hat.

Das, was folgt, ist das Spiegelbild des Geschehens in einem slowenischen Fall, der anderthalb Jahrzehnte älter ist.

Der Erzieher wird bereits vor der Inhaftierung geächtet, in der Tat fängt aber die richtige Hölle an, nachdem er als unschuldig in die Freiheit entlassen wird. Ein Unbekannter tötet seinen Hund und in der letzten Szene, als er mit seinen Jagdkameraden nach einer Art Versöhnungsschmaus auf die Jagd geht, wird auf ihn von jemandem geschossen, dessen Silhouette wegen der Sonnenstrahlen, die ihn umgeben, nicht zu erkennen ist. Die Botschaft ist deutlich. Kein Gericht kann ihn entlasten, kein Beweis gilt. Für die ganze Gemeinschaft bleibt er der Täter.

2 Der slowenische Fall

In der zweiten Hälfte der 90er Jahre kam es laut Medien an einer slowenischen Hauptschule zu einer schlimmen Gewalttat. Jemand sollte in der Pause auf der Toilette ein 11-jähriges Mädchen vergewaltigt haben. Nach dem Untersuchungsverfahren, mit dem der Täter überführt werden sollte, fiel der Verdacht auf einen 13-jährigen Roma, der auch Schüler an jener Schule war.

Im Ort kam es zu großer Aufregung. Es bildete sich eine Elterngruppe, die die Interessen des betroffenen Mädchens schützen wollte. Zuerst wurde verlangt, dass der verdächtigte Schüler in einen anderen Ort bzw. an eine andere Schule versetzt werden sollte. Dann wurden entsprechende Strafmaßnahmen erwartet.

Die zuständigen Organe mussten aus mehreren Gründen schnell reagieren. Es handelte sich um eine ernste Tat, deswegen wurde eine kriminalistische Ermittlung veranlasst. Die Schule versuchte alles Machbare die Versetzung betreffend zu tun. Es reagierte auch die Staatsanwaltschaft. Die Öffentlichkeit wurde immer aufgeregter, am meisten dank der Medien, die unkritisch über den Täter schrieben, als ob alles ersichtlich und bereits bewiesen wäre. Und doch kam der Fall ins Stocken. Das erste Hindernis waren die Eltern des verdächtigten Schülers, die mit der Versetzung hätten einverstanden sein müssen. Ohne ihre Zustimmung konnte die Schule eine solche Maßnahme nicht durchführen.

Die Reaktion der Eltern war korrekt. Sie hatten nichts gegen eine Versetzung, nur die Tat müsste vorher bewiesen sein. Dann geriet der Fall erneut ins Stocken. Die kriminalistische Ermittlung bot keine überzeugenden Resultate. Es gab fast keine wichtigen Spuren, die einzigen angeblich zuverlässigen haben aber den Täter ausgeschlossen. Es blieb nur noch eine Gegenüberstellung übrig, was als einziges Verfahren zum Verdächtigten führte. Das Mädchen zeigte auf den verdächtigten Jungen.

Das war die Zeit, als in Slowenien die Bewusstmachung des sexuellen Missbrauchs begann. Diese Aktionen hatten gute und schlechte Seiten. Zu den unbestritten guten Seiten gehörte die Sensibilisierung für bisher oft verdeckte Erscheinungen dieser schrecklichen Gewalt. Zu den schlechten Seiten gehört es, dass man noch heute Zeuge einer inquisitorischen Verfolgung vieler Menschen sein kann, die sich nichts haben zuschulden kommen lassen. Nicht selten waren es schmutzige Spielchen zwischen sich trennenden Eheleuten, die um das Sorgerecht kämpften. Auch auf Anraten der (äußerst unmoralischen) Anwälte, und nicht nur derer, beschuldigten sich Eheleute gegenseitig des sexuellen Missbrauchs. Das bedeutete, dass der verdächtigte Elternteil in der Regel einige Jahre keinen Kontakt zum Kind haben wird, bis der Strafprozess beendet ist. In dieser Zeit konnte sich das Kind dem verdächtigten Elternteil vollkommen entfremden, vielleicht hat es ihn nicht mehr erkannt; eine eventuelle Herstellung einer normalen Beziehung war kaum möglich.

In dem beschriebenen Fall musste die Bürde der Entscheidung über die Schulversetzung von jemand anderem übernommen werden. Laut Gesetz war das eine vom Minister ernannte Kommission, die eine Entscheidungsbefugnis hatte, wenn die Schule keine Versetzung garantieren konnte. Der Minister wollte trotz des öffentlichen Drucks nichts überstürzen. Zuerst ernannte er eine vierköpfige Gutachtergruppe, zusammengestellt aus zwei Juristen, einem Psychologen und einem Kinderpsychiater. Ihre Aufgabe war es, festzustellen, ob Gründe für eine Versetzung des verdächtigten Schülers bestehen.

Die Kommissionsmitglieder prüften das komplette Beweismaterial im Zusammenhang mit dem Fall. Sie arbeiteten getrennt voneinander und niemand beratschlagte sich mit irgendjemandem bei der Gutachtenerstellung. Die Schlussbewertung fiel bei allen Gutachtern gleich aus – es gab keinerlei Beweise, weder für die Tat, noch dafür, dass der verdächtigte Schüler der Täter sei.

Bei der Prüfung der Dokumentation hat sich unter anderem gezeigt, wie schnell sich die Überzeugung bildet, wer der Täter ist. Zuerst war das bei der Polizei offensichtlich. Die Resultate der Laboranalyse wurden so interpretiert, „dass der Kontakt zwischen dem Opfer und dem Täter nicht ausgeschlossen werden kann“. Dabei waren die festgestellten Spuren so minimal, dass man sie auf jeder Person finden könnte, die an jenem Tag das Mädchen nur im Vorbeigehen flüchtig berührt hätte. Nachdem die Polizisten auf diese irreführende Schlussfolgerung aufmerksam gemacht wurden, reagierten sie sehr beleidigt mit der Bemerkung, „ob es ausreichen würde, wenn man sie bei der Tat erwischt und fotografiert hätte“. Nebenbei drückten sie noch ihre Verwunderung aus, dass der Disziplinarprozess gegen den Verdächtigten noch nicht durchgeführt wurde.

Noch strittiger war das Schreiben des Staatsanwalts, in dem steht, aus der Dokumentation gehe es ganz klar hervor, wer der Täter ist. Das einzige und hauptsächliche Hindernis war, dass der Verdächtigte noch nicht 14 Jahre alt war, somit war ein Strafverfahren nicht möglich.

Die Kommission, die der Minister ernannte, hat in der Tat das Gericht ersetzt. Die Mitglieder prüften das Beweismaterial, jeder für sich, über mehrere Tage. Als sie zusammentrafen, stellten sie fest, dass sie alle derselben Meinung sind. Es gab keinerlei Beweis, dass der verdächtigte Junge der Täter sei. Die Kommission hat den Tatbestand genauestens festgestellt und beratschlagte gesetzliche Handlungsmöglichkeiten. Ihre Zusammensetzung war für eine solche Bewertung mehr als passend. Zwei Mitglieder waren Juristen mit langjährigen Erfahrungen, die alle formellen Bedingungen erfüllten, die Richter erfüllen müssen. Die anderen zwei waren Spitzenexperten auf ihrem Gebiet – in Kinderpsychiatrie und in Psychologie.

Das Ministerium fasste den Beschluss, dass der verdächtigte Schüler nicht versetzt wird.

3 Konflikt und Auflösung

Nachdem es im slowenischen Fall klar war, dass es nicht den geringsten Beweis gibt, der den verdächtigten Schüler als Täter überführte, reagierten die meisten Medien nicht mit adäquaten Meldungen. Nur ein einziges fasste auf korrekte Weise die Chronologie der Ereignisse und die Feststellungen zusammen.

Die Gerechtigkeitsfanatiker, versammelt in verschiedenen Initiativausschüssen, griffen nach der Reihe an alle, weil gegen den Schüler keine Maßnahmen ergriffen wurden. Es wurde sogar eine Strafanzeige (?!) gegen einen der Gutachter erhoben, der – so wie alle anderen – feststellte, dass man dem Verdächtigten nichts anlasten kann.

Die Tageszeitung *Delo* hat beispielsweise unmittelbar nach dem Vorfall berichtet:

Schülerinnen gehen nur zu zweit auf Toilette

Schuld daran ist eine Vergewaltigung auf der Schülertoilette im Februar letzten Jahres, nach der der Schuldige noch immer an der Schule ist; das Opfer ist jetzt aber schon die zweite Woche zu Hause. Der Staat schläft den Schlaf des Gerechten. Die Schule, das Schulministerium und andere Organe haben auch fast ein ganzes Jahr nach der Vergewaltigung der Fünftklässlerin in der Schultoilette nicht für den Schutz des Opfers vor der täglichen Begegnung mit dem Täter in der Schule gesorgt. Mit der Unterstützung des „Initiativausschusses der Eltern" wird erhofft, dass sich diese traurige Geschichte endlich auflöst. Die Geschichte ist wirklich traurig. Der 13-jährige Schüler aus der nahegelegenen Romasiedlung in Šmihel fing auf der Schülertoilette die 11-jährige Schülerin ab, schubste sie in eine der Toiletten, sodass sie auf die Toilettenschüssel fiel und vergewaltigte sie von hinten.

Die Kriminalisten erledigten ihre Arbeit sehr gründlich und es wurde sehr schnell festgestellt, wer auf diese abscheuliche Weise die Kindheit des Mädchens beendet hat. Der Staatsanwalt erklärte, dass nur ein Gericht festzustellen hat, wer der Täter sei. Es ist aber vollkommen klar, wer als dringend verdächtig auf der Anklagebank sitzen würde, wäre er älter als 14 Jahre.

Die empörten Eltern gründeten einen Initiativausschuss zum Schutz des Vergewaltigungsopfers und sammelten mehr als 1000 Unterschriften, mit denen sie die Schulversetzung des Vergewaltigers verlangten. Der Staat mit all seinen Institutionen aber schläft weiterhin den Schlaf des Gerechten."

In dem Beitrag setzt sich die Empörung gegen den Täter fort, man erfährt, dass ein Initiativausschuss gegründet wurde, der mehr als 1000 Unterschriften gesammelt hat, was alles bedeutet, dass sich die Welle des Hasses, die durch die Nachricht über die Gewalt ausgelöst wurde, noch Monate lang nicht beruhigen wird. In dieser Zeit kann alles Mögliche passieren, es kann zu einem Freispruch kommen, es könnte der wahre Täter gefunden werden, aber die Verhältnisse für den am meisten geeigneten Erstverdächtigten hätten sich nicht viel gebessert.

Im Zusammenhang mit dem genannten Fall durfte die Lynchjustiz nicht nur den Journalisten und Journalistinnen von *Delo* zugeschrieben werden. Allen voran waren die *Slovenske novice* (slow. Boulevardtageszeitung, Anm. d. Übers.), und nach ihnen übernahm die Mehrheit der anderen Medien die verurteilenden Kommentare, die den Romaschüler belasteten.[121]

Das Handeln des Slowenischen Rundfunks (RTV Slovenija) sprach besonders für sich. Mehr als ein Jahr nach dem Ereignis begann der damalige Redakteur des *Wochenrückblicks (Tednik)* seinen Beitrag mit der Behauptung: „Vor eineinhalb Jahren vergewaltigte ein Schüler eine 11-jährige Schülerin." Die Anschuldigungen wurden von einer Journalistin mit den Worten fortgesetzt: „N.N. (das Mädchen wurde mit dem richtigen Namen genannt, Anm. des Autors) wurde von einem Jungen, den sie vorher regelmäßig im Hof der Hauptschule traf, brutal vergewaltigt. Kriminalisten fingen sofort mit der Untersuchung an, die den Namen des Täters erbrachte. Weil der Junge minderjährig ist, wusste man sofort, dass er seine Tat nicht verantworten kann."

Die Auflösung der Geschichte sah nicht nur wie eine kleinere Verschwörung aus, das war sie in der Tat auch. Weil ich in diesem Fall einer der Gutachter war, verfolgte ich regelmäßig alles, was über den Fall geschrieben und berichtet wurde. Ich rief den Redakteur an, erklärte ihm genau, was im Fall festgestellt wurde und schlug vor, er möge sich in der nächsten Sendung eine Minute Zeit für eine Entschuldigung und Erklärung nehmen.

---

121 Petrovec, D.: *Mediji in nasilje, (Medien und Gewalt)* Ljubljana: Mirovni inštitut (Friedensinstitut), 2003, S. 33 (75 S.)

Nach dem Prinzip, Angriff ist die beste Verteidigung, antwortete der Redakteur zynisch, ich hätte bestimmt eine andere Sendung gesehen, denn er habe eine solche Behauptung nie geäußert. Auf diese nachdrückliche Äußerung hin habe ich mich erst entschuldigt, vielleicht habe ich mich getäuscht und bat ihn, mir die Aufnahme der Sendung zu schicken. Das versprach er mir unverzüglich, dennoch wartete ich vergeblich, denn er hat sie mir nie geschickt. Nach einer Woche bat ich einen Freund beim Rundfunk, ob er mir die Aufnahme dieser Sendung besorgen könnte. Er beruhigte mich, er könne das leicht erledigen und dass er sie mir schon in einem, höchstens zwei Tagen wird zukommen lassen. Am folgenden Tag rief er mich an und meldete mit ernster Stimme, die Sendung sei unerwartet und gegen alle üblichen Handhabungen unzugänglich, aufbewahrt in einem Bunker. Das war die Zeit, in der es kein Netzarchiv oder ähnliches gab. Auch einen Informationsbeauftragten gab es noch nicht, der helfen würde, die Aufzeichnung zu bekommen.

Ich war ziemlich in Not, weil mir sehr viel daran lag, die Wahrheit aufzuzeigen. Nicht zuletzt hätte ich als stark Involvierter schon ein wenig beziehungswahnsinnig sein und anfangen können, Sachen zu hören, die nicht gesagt wurden oder woanders und zu einem anderen Zeitpunkt, als ich überzeugt war. Auch dem Redakteur schuldete ich mehr als eine aufrichtige Entschuldigung, sollte es sich anders herausstellen, als ich es ihm vorwarf. Ich überlegte, wer noch ein Interesse daran haben könnte, diese Sendung aufzunehmen. Nur eine Aufnahme schien mir glaubwürdig genug. Ich dachte an die Eltern des Schülers, die alles Geschriebene über die Affäre gesammelt haben. Ich rief sie an und fragte sie, ob sie vielleicht ein Videorekorder haben. Als sie mit „leider nicht „antworteten, schien es mir, für die Auflösung der Geschichte gibt es keine Hoffnung mehr. Der Vater setzte aber in dem Moment fort, dass sie eine Tonaufnahme der Sendung haben, die sie mit dem Kassettenrekorder aufgenommen haben.

Die Geschichte war geklärt. Der Redakteur log und täuschte vor. Die Worte wurden so ausgesprochen, wie ich sie mir gemerkt habe.

Was kann man über die Reaktionen sagen, die einen kreuzigen, nachdem es offensichtlich ist, dass der vermutliche Täter sich nichts zuschulden kommen ließ – nun noch stärker als zuvor? Wahrscheinlich handelt es sich um eine Haltung, mit der versucht wird, die Glaubwürdigkeit zu erhalten. Wenn man alle inquisitorischen Vorgehensweisen plötzlich als falsch und unehrlich entlarvte, als Vorgehensweisen, die dem Unschuldigen einen kaum wiedergutzumachenden Schaden verursacht haben, bliebe vom moralischen Kapital dieser Menschen nichts übrig. Das können sie sich kaum leisten, deswegen muss man auf seinem Recht bis zum Schluss beharren und jede andere Meinung, sei sie noch so überzeugend und formell gültig, als Produkt des unfähigen oder korrupten Rechtssystems oder als politische Verschwörung verkünden.

Die einzelnen Akteure in dieser Geschichte, die den meisten Schaden verursachten, beharrten auf ihrer Haltung in allen ähnlichen Situationen oder Fällen.

Im Strafprozess des „ Kärntner Mädchens"[122] hat eine Person, Hauptanklägerin im zuvor beschriebenen Fall (ansonsten die Vorsitzende der Vereinigung gegen sexuellen Missbrauch), in einer Talkrunde im Rundfunk Slowenien Folgendes geäußert: „Wurde der sexuelle Missbrauch nicht bewiesen, heißt das nicht, dass er nicht stattgefunden hat!"

So wie diese Aussage logisch richtig sein kann, so ist sie auch außerordentlich gefährlich, und aus dem Mund von jemandem, der viele Jahre mit Kriminalität zu tun hatte, unzulässig. Würde man diese Äußerung steigern, könnte man für Jeden folgende Aussage treffen: „Ist Ihnen der Mord nicht bewiesen worden, heißt das noch nicht, dass Sie ihn nicht begangen haben." Theoretisch gilt das für jeden, praktisch aber ist das ein inquisitorisches Vokabular, nachdem jeder, für den man das so beschlossen hat, als schuldig

[122] Zur Zeit des Schreibens – im Juli 2013 – hat eine der verstrickten Personen die Schuld bereits gestanden. Das Gericht hat in Absprache mit der Staatsanwaltschaft im Rahmen der Schuld- und Strafverhandlung die entsprechende Sanktion ausgesprochen. Die weiteren Angeklagten warten auf die Hauptverhandlung.

gelten wird, wird er nicht überzeugend beweisen können, dass er etwas nicht begangen hat."[123]

Ähnlich schädlich und unzulässig wie der Standpunkt der genannten Vorsitzenden (vorgestellt in derselben Sendung) ist auch die Betonung, dass die Sorge, nicht einen Unschuldigen zu verurteilen, übertrieben sei.

4 Pädophile im Gefängnis und nach verbüßter Strafe

In der Gefängnisgemeinschaft wird eine besondere Beziehungs-, Rang- und Rollenstruktur geschaffen. Klassische Gefängnisstudien, die sich mit diesen Fragen befassten, entstanden mehrheitlich Anfang der zweiten Hälfte des 20. Jahrhunderts. Unter den bedeutenden Autoren sind Clemmer[124], Morris (Terence und Pauline)[125], Sykes mit zahlreichen Untersuchungen des Gefängnislebens[126] und der Norweger Thomas Mathiesen[127]. Später schrieb Jelena Špadijer Đinić ein ausgezeichnetes und das bisher einzige Werk dieser Art im jugoslawischen Raum – *Zaporska družba (Gefängnisgesellschaft)*.[128]

Alle erwähnten Werke untersuchen die Umstände, in denen sich das Gefängnis als eine Miniaturwelt zeigt, besonders sind hier die Rollen der einzelnen „Akteure" oder einer Gruppe entwickelt. Im Gefängnis gibt es keine Anarchie, es gibt aber auch keine Ordnung, wie man sie sich gewöhnlich vorstellt. Die Ordnung ist einer ganz anderen Art. Für sie sorgen nicht so

---

[123] Über das Problem äußerte ich mich im Artikel: Med pravico in pravičništvom: Spolne zlorabe (Zwischen Recht und Gerechtigkeitsfanatismus: Sexueller Missbrauch) /Dragan Petrovec/, *Dnevnik*, Objektiv,5.5.2012, S15

[124] Clemmer, D.: The Prison Community, New York: Holt, Rinehart, Winston, 1958.

[125] Morris, T.; Morris, P.: *Pentonville: A Sociological Study of an English Prison*, London: Routledge and Keagan Paul, 1963

[126] Sykes, G.: *The Society of Captives*, New Jersey: Princeton, 1958. Hier wird nur eines seiner bedeutenden Werke erwähnt. Unter anderem beschäftigte er sich mit Korruption, Autorität und der Möglichkeit der Rehabilitation, mit dem moralischen Kodex der Gefangenen und ähnlichen Themen

[127] Mathiesen, T.: *The Sociology of the Prison*, British Journal of Sociology, Vol. XVII/4, 1966

[128] Špadijer Đinić, J.: *Zatvoreničko društvo (Gefängnisgesellschaft)*, Beograd: Institut za kriminološka i sociološka istraživanja (Institut für kriminologische und soziologische Forschungen), 1973 (256 S.)

sehr die Wächter als (dem Anschein nach) wichtigster Teil des Sicherheitspersonals. Sie überlassen sie – in klarer Absprache – den Verurteilten selber. Sie wissen nämlich, dass es innere Regeln gibt, an die sich die Verurteilten halten. Dafür sorgen die wichtigsten Verurteilten, die, die sich einen Chefstatus erwarben.

In unterem Teil der Skala dieses eigenartigen „Kastensystems" befinden sich die schwächsten Gefängnisinsassen, die die Sklavenrolle übernahmen und verschiedene, auch sexuelle Verlangen erfüllen. Noch tiefer sind jene, die sozial ganz ausgeschlossen sind und nicht mal zum Ausbeuten taugen.

> Ich erinnere mich an den Besuch eines finnischen Gefängnisses, wo wir auf dem Gefängnishof nur einen einzigen Verurteilten spazieren gehen sahen. Die Wächter erklärten, dass es sich um einen Pädophilen handelt, der von den anderen Verurteilten ausgeschlossen wurde. Die soziale Verachtung war so stark, dass in der Zeit, die für den Hofgang zur Verfügung stand, niemand spazieren gehen wollte, wenn auch er sich im Hof befand.

Jelena Špadijer Đinić erwähnt drei Klassen der Gefängnispopulation: Elite, Mittel- und Unterklasse. In der Unterklasse befinden sich ohne Ausnahme alle Sexual-Delinquenten.[129]

Ein solches Bild bestätigen auch die Aussagen von slowenischen Verurteilten. Es besteht zwar ein Unterschied zwischen den einzelnen Gefängnissen: In Dob sind jene, die längere Gefängnisstrafen verbüßen, deswegen gibt es mehr Zeit und Gelegenheit für die Entwicklung einer traditionellen Gefängnis(sub)kultur und ihr entsprechender interpersonellen Beziehungen. So belegen einzelne Untersuchungen, dass dort die hierarchische Struktur am evidentesten ist, und am häufigsten wird Gewalt an jenen ausgeübt, die sich zuunterst befinden.

Nach Aussagen der Verurteilten werden im Gefängnis am meisten die Mörder, Drogendealer und Betrüger geschätzt. Am untersten Teil der Skala

---

[129] Ib.: S.140

befinden sich Pädophile, Vergewaltiger und ähnliche Sexualgewalttäter, ungeachtet ihres Strafmaßes.[130]

Die Verurteilten erzählen ohne Hemmungen: „Mich stören die sexuellen Gewalttäter, Pädophile sehr. Wenn ich einem begegne, wird mir schwarz vor Augen. Deswegen hatte ich schon viele Strafsanktionen, wenn Sie mich verstehen. Ich ertrage sie einfach nicht. Man kann im Gefängnis nicht sagen, dass alle gleich sind. Ich kann einem Pädophilen nicht gleichen, ich bitte Sie!"[131]

„Mich hat noch keiner geschlagen, während ich schon öfters Schläge verteilte. Oft schlug ich einfach so, ohne Grund, irgendeinen Pädophilen oder Sexualgewalttäter, die ich aus tiefster Seele hasse. Pädophile werden oft geschlagen, die Schläge fallen gerade so auf sie ein und es ist richtig so."[132]

„Ich denke, dass besonders Pädophile im Gefängnis Gewalt erleben müssten, um selber zu fühlen, wie es ist, wenn jemand an einem Gewalt ausübt, noch besonders an einem Kind. Wenn ich einem draußen begegnen werde, werde ich ihn schlagen. Im Gefängnis kann man deswegen Begünstigungen verlieren, ein Pädophiler ist aber dessen nicht wert."[133]

Man sieht also, dass hier eine besondere Moral entsteht, die Gewalt an „Minderwertigen" – jenen ganz unten – zulässt, als ob ein Mörder oder z.B. ein Drogendealer vor einer Schule objektiv gesehen weniger gefährlich wäre als ein Pädophiler, der vielleicht nur aufgrund der Entblößung vor Kindern verurteilt wurde. Gerade dieser Vergleich hilft uns, zu verstehen, dass die Entrüstung über Pädophile als eine besondere Gruppe von Unwürdigen nur eine Maske ist, die in einer Institution wie einem Gefängnis die Fortsetzung von Gewalt all jenen ermöglicht, die sich bezüglich der hergestellten moralischen Skala als höherwertig empfinden.

Eine solche Wertung bedeutet keinesfalls, dass man auf Pädophile nachsichtiger schauen sollte. Es bedeutet vor allem, dass man niemandem das

---

[130] Žišt, D.: *Utrinki iz življenja za rešetkami* (*Momente aus dem Leben hinter den Gittern*), Maribor: ČZP Večer, 2008, S. 179. Die Autorin führte für die Doktordissertation unter anderem umfangreiche Interviews mit den Inhaftierten in mehreren slowenischen Gefängnissen durch.

[131] Ib., S. 154

[132] Ib., S. 164

[133] Ib., S. 172

Recht zugestehen darf, mit irgendjemandem abzurechnen. Noch am wenigsten dürfte das in einem Gefängnis gelten, wo jeder einiges auf dem Gewissen hat. Die Erwägung der angemessenen Sanktion erledigte bereits das Gericht und alles, was über die ausgesprochene Sanktion hinausgeht, ist unzulässige Gewalt.

Manchmal schafft auch die öffentliche Meinung ein Vergeltungsklima, dem der Gesetzgeber folgt. Bisher wurde nur für Pädophile die Regel des so genannten Registrierens geltend gemacht, obwohl es fraglich ist, ob es objektiv betrachtet nicht gefährlichere Täter gibt. In der Regel wird eine strenge Gesetzgebung als Folge von einzelnen schweren Verbrechen verabschiedet, obwohl klar ist, dass gerade solche Taten keine übereilten Entscheidungen nach sich ziehen dürften. In den USA war ein solcher Fall die Vergewaltigung und Ermordung eines siebenjährigen Mädchens, Megan Kanka, im Jahr 1994. Der Täter war der 33-jährige Nachbar, der bereits zweimal wegen sexueller Gewalt an Mädchen verurteilt wurde, aber auch nach Einschätzung der Therapeuten, die ihn während des Strafvollzugs begleitet haben, sah er nicht so gefährlich aus, als ob er jemanden töten würde. Als sich diese Einschätzung als falsch erwies, wurde im Staat New Jersey, wo das Verbrechen geschah, einen Monat nach der Ermordung das so genannte Megans Gesetz (*Megan's Law*) verabschiedet, benannt nach dem unglücklichen Opfer, das eine Pflichtregistrierung der wegen sexueller Gewalt Verurteilten vorsieht.

Die USA verabschiedeten zwei Jahre später das Bundesgesetz, das die lokalen Behörden bevollmächtigt, die Öffentlichkeit über Sexual-Delinquenten zu informieren, die in ihrer Umgebung leben oder arbeiten oder sich lediglich zu Besuch aufhalten.

SPORT

Das Spiel ist der erbärmlichste Teil des Tages[134]

Der Titel besagt alles und gleichzeitig wesentlich mehr, als besonders die (noch aktiven) Fußballfans über sich sagen möchten. Diese Worte kommen aus dem Mund eines ehemaligen slowenischen Fans, der ca. 10 Jahre in aktiver Gewalt der Fangemeinde verbrachte. Seine detaillierten Schilderungen illustrieren drastisch die Mentalität der Mehrheit der Gewalttäter. Nach seinen Worten geht es um Zugehörigkeitsgefühl und das Beweisen von Mut. „Wenn die Fans dem Volk etwas geben können, dann ist das der Mut, was aber schon ein Punkt der Revolution ist.“[135]

Wie die Fans sich selbst erleben, kann man auf ihren Internetseiten lesen.

> „Die kommende Fußballsaison brachte mit den Spielen von Sebastjan Cimerotič eine neue Dimension in den slowenischen Fußball. Der erste richtige Fußballstar des heimischen Rasens wurde gerade unser – Cime! FC Olimpija feierte mithilfe seiner Spielzüge den Herbstmeister. In diesem Herbst geschah auf dem Weg nach Maribor einer der größten Zwischenfälle in der Geschichte der Spielerunterstützung in Slowenien! Aus vollkommen nichtigen Zufällen und dank der Unfähigkeit der slowenischen Polizei kam es am Bahnhof Štore in der Nähe von Celje zu einer offenen Schlägerei, bei der die Gesetzesvertreter den Kürzeren gezogen haben. Dabei wurden 74 Dragons inhaftiert. Rekord!!! Das war wirklich eine Zeit der allgemeinen Euphorie, die dem Amtswechsel und den ausgezeichneten Darbietungen auf den Spielplätzen folgte.“[136]

---

134 Mehle, B.: Tekma je še najbolj beden del dneva (Das Spiel ist der erbärmlichste Teil des Tages), *Objektiv*, 17. 11. 2012, S. 18 (S. 18–19).

135 Ib., S. 19.

136 http://green-dragons.com/materiali/zgodovina/

Der beschriebene Zwischenfall erschütterte Slowenien. Es offenbarte sich ein Zustand der Fans, den die Polizisten zunächst unterschätzt hatten. Ziemlich angetrunkene und wildgewordene Fans von Olimpija hatten verhältnismäßig wenig Arbeit mit den zwei Polizisten, die in den Zug kamen, um sie zu beruhigen. Nach dieser erfolgslosen Intervention haben die zunächst ermutigten Fans die Gewalt gesteigert, den gesetzlichen Gebrauch von Zwangsmitteln überschritt auch die Polizei. Die Fernsehaufnahmen haben den Zusammenstoß sehr genau gezeigt. Es war offensichtlich, dass einige Polizisten mit Schlagstöcken ihre Wut an den Fans ausließen, die keine Bedrohung mehr darstellten. Entweder kraftlos oder zu Boden geworfen lagen sie da und steckten Schläge ein.

Nach Schilderung mancher Fans, die auf die Polizeiwache abgeführt wurden, wurde die Gewalttätigkeit auch dort fortgesetzt.

Es folgten offizielle Stellungnahmen, Fernsehrunden, bei denen die Polizeiexperten feststellten, dass alles ordnungsgemäß und gesetzestreu verlief. Die Gegenmeinungen gerieten in Vergessenheit, so wie viele spätere Fälle von Polizeigewalt.

Natürlich haben sich die Spannungen zwischen den beiden Fangemeinden nicht beruhigt. Wahrscheinlich sind nur die Polizisten aufmerksamer geworden und taten einiges dafür, dass die Gewalt nicht mehr alle Grenzen überstieg. Nichtsdestotrotz kann man einige Jahre später (am 10. August 2009) in *Večer* (Tageszeitung) die folgende Meldung lesen:

> „Die Fans von Ljubljana trafen nicht auf die Fans von den Violetten (FC Maribor, Amn. der Übers.), sie wurden von den Polizisten auf dem Weg nach Maribor abgefangen.
>
> Mehr als 250 Fans des Fußballklubs Olimpija aus Ljubljana befanden sich im Sonderzug, der sie zum Fußballderby zwischen Olimpija und FC Maribor bringen sollte. Aber die Fans der Grünen haben das Spiel nicht gesehen. Weil sie bald nach dem einzigen Zwischenhalt in Celje die Handbremse gezogen, sich im Zug geschlägert und Wagons zerstört, sowie Fackeln und Rauchbomben geworfen haben, wurde der Zug mit den Fans von den Polizisten bereits in Tezno gestoppt und nicht am Hauptbahnhof in Maribor, wie ursprünglich vorgesehen. Auf die Fans warteten in Tezno zwar Busse, die sie zum Stadion bringen

sollten, die aber leer blieben. 15 Fans der Green Dragons, zwei noch minderjährig, blieben zwar in Maribor, sie sahen aber nur die Räume zur Gewahrsamnahme. Statt weiter zu fahren, fuhren die übrigen Fans zurück in die slowenische Metropole.

So blieb die Nordtribüne des Stadions Ljudski vrt (Volksgarten) leer. Die Fans der Violetten verließen diesmal die Stadt ohne Trümmer, sie zerstörten aber mit den Fackeln Teile des Inventars der Südtribüne. Dass das Spiel aufgrund der Abwesenheit der grünen Fans nicht so war, wie es sein sollte, bestätigten einige Bewohner Maribors. Das ewige Derby endete ansonsten mit 1: 0 für die Violetten."[137]

Noch am interessantesten scheint die Behauptung, dass „das Spiel aufgrund der Abwesenheit der grünen Fans nicht so war, wie es sein sollte". Bedeutet das, dass sich sogar das steiermärkische Publikum benachteiligt fühlte, weil die üblichen Kämpfe, die in den Stadien überall auf der Welt, teilweise auch bei uns (in Slowenien) ein unentbehrlicher Teil der Folklore geworden sind, ausblieben?

Wechselt man nach England, trifft man auf eine identische Aussage. Jeff Marsh, Engländer, Mitte vierzig, ist der meistbekannte Name unter den Fußballhooligans der vergangenen Jahrzehnte.

Marsh sagt über sich, er sei nie Rassist gewesen. Mit Freude stach oder trat er irgendjemanden nieder, einen Weißen oder einen Schwarzen. Die Gewalt war die wahre Sache. Sie war besser als Sex.[138] Ähnlich wie der slowenische Fan, der über das Spiel als den langweiligsten Teil des Tages spricht, sagt auch Marsh: „Fußball hat mich nie interessiert."[139]

In Marshs Autobiographie *The Trouble with Taffies – Welsh Hooligan Gangs*[140], die im Internet zugänglich ist, schreibt der Autor treuherzig, dass für ihn der Zauber des Fußballspiels nur darin bestand, die Gelegenheit für

---

137 http://web.vecer.com/portali/vecer/v1/default.asp?kaj=3&id=2009080905458699.

138 http://www.dailymail.co.uk/home/search.html?s=y&authornamef=Paul+Bracchi+And+Tim + Stewart.

139 Ib.

140 http://charliestoney.wordpress.com/2012/05/29/the-trouble-with-taffies-welsh-hooligan-by-jeff-joe-cardiff-marsh-without-pictures/

extreme Gewalt zu bekommen. Wo immer das Spiel war, war die Auseinandersetzung zwischen den Fans gesichert. Genau das habe er geliebt.[141]

Die Gewalt brachte ihn dreimal ins Gefängnis, unter den Strafen war auch eine zweijährige, die er sich einhandelte, nachdem er zwei Fans des gegnerischen Klubs Manchester United niederstach. Sein Markenzeichen, mit dem er berühmt wurde, waren Messerstiche in die Beine. Auch nachdem er als Fußballfan aufgehört hatte, Gewalt auszuüben, setzte er seine homophobe Aktivität fort. Er wurde aktives Mitglied und eine der Schlüsselpersönlichkeiten der Englischen Verteidigungsliga (English Defense League), einer extrem rechten Bewegung, die vor allem gegen Moslems gerichtet ist. So überrascht es nicht, dass sie zu ihrem Treffen den kontroversen amerikanischen Pastor Terry Jones einluden, der sich durch das Verbrennen des Korans Berühmtheit erlangte.[142]

Bei der Fußball-EM 1996 hat der französische Star Zinedine Zidane im Spiel zwischen Italien und Frankreich ohne erkennbaren Grund (sollte es ihn gegeben haben, war eine solche Reaktion von Zidane unverzeihlich) den italienischen Spieler Marco Materazzi mit einem Kopfstoß auf die Brust zu Fall gebracht. Der Vorfall wurde lang und breit in allen Sportzeitschriften kommentiert, die Meinungen waren nicht einheitlich. Auch in der slowenischen Presse konnte man Lobeshymnen auf Zidane im Allgemeinen und die Schmälerung der Bedeutung seines Gewaltvergehens, aufgrund dessen er sofort ausgeschlossen wurde, finden. Es wurden Materazzis häufige Provokationen erwähnt, auf die der Betroffene endlich reagieren musste.

Diese Tat, die niemandem zu Ehren ist, erlebte eine kaum vorstellbare Glorifizierung. Im Pariser Museum der zeitgenössischen Kunst, im Zentrum Georges Pompidous, wurde 2013 eine fünf Meter hohe Statue der Fußballspieler Zidane und Materazzi ausgestellt.[143] Die Statue hält gerade den

---

[141]http://charliestoney.wordpress.com/2012/05/29/the-trouble-with-taffies-welsh-hooligan-by-jeff-joe-cardiff-marsh-without-pictures/; 9. Kapitel.

[142]http://www.dailymail.co.uk/news/article-1338080/Special-Investigation-English-Defence-League-hooligans-spreading-hate-High-Street.html.

[143] http://www.times.si/sport/v-parizu-na-ogled-zidanov-udarec-z-glavo--eafd02ab6b-ecff290e80.html.

Moment fest, als Zidane den gegnerischen Spieler trifft und der zum Boden fällt.

Die Skulptur ist bestimmt nicht als Denkmal der gefallenen Opfer und als Mahnmal für *Fair Play* zu verstehen. Es ist lediglich ein Zeugnis des Heldentums eines Stars, der bereit ist, Sportgegner zu vernichten.[144]

Leider nicht selten sind somit die Aussagen, die man nur in irgendeinem Gladiatorenring erwarten würde – „der wahre Sportler muss auf dem Spielfeld bereit sein, zu töten."[145] Um eine Spur milder sind die Worte von Peter Vilfan (slow. Basketballer und Politiker, Anm. der Übers.), der die Basketball-EM 2014 kommentierte. Schon im Titel ist das Motto zusammengefasst: „Wozu eine Umarmung der Gegner, das Spiel ist ein Krieg, den es zu gewinnen gilt."[146]

Mag man solchen Worten auch eine übertragene Bedeutung zuschreiben, in Wahrheit fordern sie alles andere als die Achtung des Gegners oder das faire Spiel. Je stärker die Hingabe zu dem Spiel und dem Ergebnis in den Vereinen auf diese Weise gefördert wird, desto näher ist man dem Gladiatorenkampf auf dem Spielfeld und der ungehemmten Gewalt der Fans außerhalb des Spielfeldes. Es ist auch nicht besser, wenn die Klubs die Gewalt ihrer Fans minimalisieren, statt der Gewalt und den Fans zu entsagen.

---

[144] Es handelt sich um die Skulptur des algerischen Konzeptkünstlers Adel Abdessemed, der den berühmten Schlag des Franzosen Zinedin Zidane verewigte. Offensichtlich überwog der Stolz auf den algerischen Landsmann (Zinedine Zidane hat algerische Eltern, die bereits vor dem Krieg in Algier nach Frankheit zogen) den Vorbehalt wegen unsportlichen Verhaltens.

[145] http://www.siol.net/sportal/kosarka/2013/06/kosarka_intervju_zdovc.aspx. Im Interview, das der Journalist Jaka Lopatič mit dem Basketballer Jure Zdovc führte (22. 6. 2013), wurde auch die folgende Aussage notiert:

In der ausgewählten Riege spielten Sie auch mit Dražen Petrović. Dieses Jahr jährt sich sein Tod zum 20. Mal. Was für eine Persönlichkeit war er?

Jeder in der Nationalmannschaft war auf seine Weise besonders. Der Spitzenbaskettballer und Sportler ist auf seine Art Sonderling. Dražen habe ich in schöner Erinnerung. Er hat mich schön aufgenommen. Er war ein ganz normaler Mann. Die meisten Basketballer sind am Rande des Parketts ganz anders als auf dem Parkett. Ich bin noch heute so. Wenn man das Parkett betritt, würde man töten; nachdem alles zu Ende ist, ist man ein ganz anderer Menschentyp. Genauso war es bei Dražen. Auf dem Parkett kannte er niemanden. Das waren Charakteristika der Spitzensportler.

[146] Divac, V.: Interview mit Peter Vilfan, *Spanien 2014*, Extrabeilage in *Delo* und in *Slovenske novice*, s. 20–21.

Im September 2012 hat der slowenische Fußballverband wegen unsportlicher Ereignisse die Mannschaften Olimpija mit 4.200€ und Maribor mit 2.200€ bestraft, dem Sportdirektor von Maribor, Zlatko Zahovič wurde ein dreimonatiges Verbot der Mitwirkung im Fußball unter der Schirmherrschaft des slowenischen Fußballverbandes ausgesprochen.

Die Fans der beiden Mannschaften haben beim besagten Spiel mit unsportlicher Anfeuerung Intoleranz und Hass zum Ausdruck gebracht und verletzten die Würde des Einzelnen bzw. der Gruppe, weswegen das Disziplinarorgan des slowenischen Fußballverbandes auf der Basis der geltenden Vorschriften die genannte Strafe verhing. So war die Begründung der Strafe im Bund. Zahovič wurde vom Disziplinarorgan des Fußballverbandes wegen des unangemessenen Verhaltens in der ersten Halbzeit, während der 2. Halbzeit und unmittelbar nach dem Spiel bestraft. Zlatko Zahovič äußerte nach dieser Entscheidung: „Was die Strafe betrifft, Čeferins (Aleksander Čeferin, Präsident des slowenischen Fußballverbandes NZS) Strafen sind für mich Medaillen."[147]

Vielleicht sollte man den Kommentar des ehemaligen Sportlers und erfolgreichen Schriftstellers Goran Vojnović zusammenfassen, der in einem Aufsatz, gewidmet den Fans und dem Fußball, mahnt:

> „Die kroatischen, bosnischen, serbischen und auch slowenischen Fußballklubs pflegen ohne jede Scham die extrem chauvinistische Fankultur, die von den ehemaligen jugoslawischen Tribünen mal die Fahnen der Tschetniks, dann die der Ustascha schwingt, immer wieder zu neuen Gemetzeln aufruft /..../ Die Klubs bzw. deren führende Männer sind bei jeder Gelegenheit öffentlich stolz auf ihre, gerade solche Fans, /..../ während sie demütig hohe Strafen wegen ihrer Ausschreitungen zahlen."[148]

Vojnović erwähnt auch folgendes Paradoxon, sollte es zu ernsteren Aktionen gegen die Gewalt der Fans kommen:

---

147 http://www.sport- tv.si/d163909/Nogomet/Slovenija/Zahovic_Pritozbe_ne_bo._Dovolj_bodo_nase_zmage.html.

148 Vojnović, G.: »Navijači« ali nogomet (Fans oder Fußball), *Dnevnik*, Objektiv, 3. 8. 2013, S. 7.

„Ausgesprochen nationalistisch orientierte Fangruppierungen nähmen bei derartigen Maßnahmen die linken Soziologen in Schutz, die Gewalt und Hass gerne in die Fansubkultur packen und sie somit indirekt legimitieren. /..../ So würden die Hooligans zu großen Opfern des rohen Systems, neuzeitige Helden des Klassenkampfes und Maskottchen der antikapitalistischen Bewegungen."[149]

Vojnovićs Bemerkung ist alles andere als überflüssig. Man erinnert sich an die Studentenaufstände, die in Gewalt und die Steinigung des Parlamentsgebäudes mit Pflastersteinen übergingen. Damals nahmen viele das unzulässige Verhalten in Schutz und erklärten es als unausweichliche Folge der gesellschaftlichen Krise.[150]

Kehrt man zum Sport zurück, stellt sich die Frage, ob manche Sportarten auch dank mancher Sportfunktionäre und ehemaliger oder noch aktiver Sportler wirklich zu Gelegenheiten zum „Töten" des Gegners werden, wobei die Anführungszeichen manchmal auch verloren gehen.

Zlatan Ibrahimović, einer der besten Fußballspieler weltweit, erinnert in seiner Autobiographie an Antonio de Falchi, einen jungen Romafan, der nach Mailand reiste. Die Fans der dortigen Klubs durften ihn nicht erkennen, aber sein Akzent verriet ihn, als er von einem Fan des Klubs von Mailand um eine Zigarette gebeten wurde. Er wurde zu Tode geprügelt.[151]

Aber auch einige Sportarten tragen Gewalt als Markenzeichen. Auch die meistverbreiteten und beliebtesten. Derselbe Fußballspieler, Ibrahimović, beschreibt seine langjährigen internationalen Erfahrungen. Bei der Beschreibung der Grobheit ist er auch sich gegenüber unnachsichtig, wahrscheinlich nimmt er das als notwendigen Bestandteil des gewählten Sports. Seine de-

---

149 Ib., S.7

150 Vergl. den Artikel Der Aufstand der Wütenden (Upor jeznih; Jure Trampuš, *Mladina*, 7. 4. 2011), in dem einige der Kommentatoren, die man als links Orientierte einordnen kann, derartige Gewalt nicht besonders problematisieren, sondern sie als die beinahe unausweichliche Folge der allgemeinen schlechten Gesellschaftsverhältnisse einordnen. Eine solche Erklärung bietet auch der Untertitel des Artikels: „Haben wir die Botschaft des Pflastersteins, der von den jungen Demonstranten gegen das Minijob-Gesetz auf das Parlament geworfen wurde, verstanden?

151 Lagercrantz, D., Ibrahimović, Z.: *Jaz sem Zlatan Ibrahimović(Ich bin Zlatan Ibrahimović)*, Tržič: Učila International, 2012, S. 388 (397 S.).

linquente Jugend bewahrte die Destruktivität und trug sie in die erwachsenen Jahre hinein. Diese zeigte sich in Beziehung zu allem, außer zur Familie. Es begann mit Fahrraddiebstahl und setzte sich fort mit Ladendiebstählen. Der Fußballer sagt über sich so:

> „Menschen fragen mich, was ich machen würde, wäre ich kein Fußballer geworden. Keine Ahnung. Vielleicht wäre ich ein Verbrecher geworden.[152] Ich mag solche, die bei Rot fahren, wenn Sie wissen, was ich meine. Ich brauche Action. Ich fahre immer wie ein Verrückter. Mit meinem Porsche Turbo fuhr ich 325 km/h und die Polizisten sahen hinter mir nur den Staub. Viele junge Männer fuhren ihre Autos zu Schrott, aber keiner tat es so sehr wie ich. Ich war der Gewinner im Zu-Schrott-Fahrens von Autos. Um gut zu spielen, muss ich verärgert sein. Der Hass und die Vergeltungssucht geben mir den Ansporn. Wenn ich mich ärgere, sehe ich rot. Dann wollen Sie nicht in meiner Nähe sein."[153]

Deswegen überrascht es nicht, dass Ibrahimović stets Probleme mit den Trainern hatte, die versuchten, ihn zu beruhigen und sein Spiel der Gemeinschaft unterzuordnen. Damals gestand er:

> „Meine dunkle Seite kam an den Tag. Der Zorn echote in meinem Kopf und ich drückte die Fäuste und plante Vergeltung. Es war Zeit, dass ich wieder zu meinem alten Ich werde."[154]

Wenn ihm die Trainer das durchgehen ließen, hat er sich auch so behauptet:

> „Dem Spieler auf der hintersten Linie schlug ich mit dem Ellenbogen in den Hals. Er fiel zu Boden und wurde auf der Trage weggebracht. Es wurde erzählt, er hätte eine Gehirnerschütterung. Von hinten schlug ich mit dem Ellenbogen einem weiteren Typ in den Hals und natürlich

[152] Ib., S. 42.
[153] Ib., S. 16-24.
[154] Ib., S. 26.

wurde auch er auf der Trage weggebracht. Es sah aus, als ob mich eine neue dumme Angewohnheit packte.[155]/…./ Für eine Weile verlor ich auch den Führerschein und es wurden ganze Listen meiner Skandale erstellt."[156]

Als er eine Weile versucht hatte, ruhiger zu leben, war er auch auf dem Spielfeld nicht mehr so gut. Der Trainer, der ihn in die Hände bekam, sagte zu ihm: „Du musst den Tötungsinstinkt bekommen!"[157]

Was passiert, wenn man Ibrahimović auch beim Spielen die Freiheit lässt, die er im Privatleben hatte? Man bekommt einen unvorhersehbaren Spieler, von dem man zumindest behaupten kann, dass er das Tor trifft, auch wenn es unmöglich oder bereits alles verloren scheint.[158] Wenn man ihn beruhigt, der Gemeinschaft und der strengen Disziplin unterordnet, sieht es aus, als ob man einen Starsolisten im Orchester versteckt, das ihn immer übertönt. Aber wie hoch ist der Preis, den der Sport bereit zu zahlen ist, damit sich Ibrahimović und die ihm Gleichen in voller Pracht ihrer Talente entfalten. Wahrscheinlich so hoch, wie er sich in der Biographie des Spielers zeigt und wie über ihn die Chronisten seiner Spiele berichten. Auseinandersetzungen, Gewalt, Zu-Schrott-Fahren von Autos, lebensgefährliche Fahrten, spektakuläre Aktionen, unwiederholbare Treffer und die Siege der Mannschaft, die bereit ist, den Preis mit Geld und Ruf zu zahlen. Sollte man also dem Spieler die zerstörerische, aggressive Individualität zum Preis des Sportergebnisses lassen? Sollte man sich mit einer Menge Nachahmer abfinden, die in ihm das Ideal der unbegrenzten Freiheit sehen? Einer Menge von Nachahmern, die ihm nur in Arroganz und Gewalt folgen können, niemals aber in Sporterfolgen?

---

[155] Ib., S. 128.

[156] Ib., S. 116.

[157] Ib., S. 196.

[158] https://www.youtube.com/watch?v=ia-zi5oLa_0. Diese Aufnahme hat mehr als 4,5 Mio Aufrufe; unter anderem wird Ibrahimovićs berühmter Treffer gezeigt, als er mit dem Kopfspiel aus ca. 40 Meter Entfernung traf.

„Ist Ibrahimović verrückt?" So lautet der Titel einer Sammlung seiner Aktionen und Reaktionen, die auf Youtube angeboten werden.[159] Die Frage wird nicht grundlos gestellt.

Eigentlich wäre es überraschend, wenn Spieler und ehemalige Spieler als Trainer oder Vereinsfunktionäre die Gewalt nicht tolerieren oder sogar fördern würden. Zuerst im Sport und dann auch unter den Fans. Fair Play existiert zwar als Wert, es werden auch Auszeichnungen verliehen. Aber leider zieht ein Spiel, bei dem man allen Spielern einen solchen Preis verleihen könnte, kaum jemanden an. Zum ewigen Andenken werden Statuen aufgestellt, die die Gewalt für die Geschichte festhalten und vor allem ehren.

Für die zusätzliche Maske, unter der Sportler unbestraft Gewalt ausüben, sorgen die Vereinsführungen. Von ihnen erhalten sie die ganze Unterstützung, ungeachtet der überzeugenden Beweise für ihr Verhalten.

Der Hockeytorwart Varlamov, Mitglied der Mannschaft Plaz aus Colorado, wurde festgenommen, weil seine Freundin ihn angezeigt hat; er habe sie zu Boden getreten und sei auf ihren Brüsten herumgesprungen. Nach einer Nacht im Gefängnis stand er beim nächsten Spiel wieder im Tor.[160]

Auch die Videoaufnahmen sind nicht überzeugend genug, damit Vereine Gewalt konsequent sanktionieren würden. Der Fußballer Ray Rice schob seine Verlobte aus dem Lift in den Hotelflur. Dabei schlug er sie so fest, dass sie das Bewusstsein verlor. Sein Verein meldete nur, die häusliche Gewalt sei eine ernste Angelegenheit und vergas das Ereignis.[161] Nebenbei äußerte der Sportler laut NBC News, dass er für seine Frau stark sein müsse (*„I have to be strong for my wife"*), was immer das bedeuten mag.[162] Die einzig unstrittige Übersetzung wäre, er müsse ihr zeigen, wie man mit ihr umgeht, wenn sie nicht gehorsam ist.

Solche Beispiele der Gewalt, und noch weitere dokumentierte, haben in den USA eine Diskussion über die Gewalt an Frauen ausgelöst. Sie führten

---

159 https://www.youtube.com/watch?v=vlrZVhBtr8c.

160 Kopušar, S.: Privilegirani do nezavesti (Privilegiert bis zum Umfallen), *Nedelo,* 14. 9. 2014, S. 11.

161 Ib.

162 http://www.nbcnews.com/storyline/nfl-controversy/ray-rice-isnt-alone-1-5-men-admits-hitting-wives-n203841.

zu neuen Feststellungen, wonach Mannschaften keine Maßnahmen gegen ihre Spieler ergreifen. Einige Führungen sagen eiskalt, es handle sich um ihre besten Spieler.

Fügen wir ein Bild aus jüngerer Vergangenheit hinzu. Dieses erweckt Optimismus, wenn man doch nur auch heutige Verhältnisse mit den Werten aus der Vergangenheit gestalten könnte. 1966 fand bei der Fußball WM das Spiel zwischen Portugal und Sowjetunion statt. Für Portugal trat Eusebio auf, damals der erfolgreichste Schütze und auch ansonsten ein legendärer Spieler. Das sowjetische Tor verteidigte Lew Iwanowitsch Jaschin, ein noch berühmterer Torwart, der als einziger Torwart (bis heute) zum besten Fußballspieler in Europa ernannt wurde. Der Schiedsrichter entschied bald nach dem Anpfiff einen Elfmeter für die Portugiesen. Eusebio war bekannt als Spieler, der nicht verfehlt, Jaschin als Torwart, der (in seiner Kariere) mehr als 150 Elfmeter hielt. Jaschin warf sich nie nach Gefühl, was die heutige Praxis der meisten Torwarte ist, die glauben, die Absicht des Schützen „gelesen" zu haben. Er verließ sich auf seine Reflexe und so war es auch diesmal. Eusebio schoss in Jaschins obere rechte Ecke und auch heute gibt es keinen Torwart, der von der Tormitte aus eine so weit entfernte Stelle schützen könnte. Jaschin warf sich in die richtige Richtung, war aber zu kurz. Aber was folgte danach? Eusebio rannte nach dem erreichten Tor zu Jaschin und die Rivalen haben sich umarmt. Zu Jaschin kam aus Zeichen des Respekts noch einer der gegnerischen Spieler.[163]

Ist das nur ein Blatt im vergilbten Album der Geschichte des *Fair Plays* oder vermag es eine Anregung für neue Zeiten zu sein?

---

[163] Die Aufnahme des Elfmeters ist zu sehen auf: http://www.youtube.com/watch?v=xMmlh-V7hC8.

DAS KIND DEM KINDE EIN WOLF ODER DIE MASKE DER KINDLICHEN UNSCHULD

Der Herr der Fliegen ist das Kultwerk des Nobelpreisträgers William Golding. Obwohl es sich vor allem um die Abbildung der gesellschaftlichen Prozesse handelt, weist die Geschichte auch auf etwas Anderes hin. Kinder, die sich auf einer einsamen Insel organisieren müssen, um zu überleben, stellen ein System von Beziehungen her, die eine Miniaturreplik der Gesellschaftsordnung ist. Diese Ordnung hat neben ihren guten Seiten auch eine Reihe von Abweichungen. Es zeigen sich persönliche Charakteristika der Einzelnen wie Aggressivität, Dominanz, das Beherrschen von zwar Schwächeren, die aber sehr wichtige Fähigkeiten besitzen wie Weisheit, Empathie. Am Ende kommt es auch zum Mord.

Die Frage im Hintergrund der Grundaussage ist, ob es möglich ist, dass diese unschuldigen Wesen, wie man in der Regel die Kinder sieht, in sich das Böse tragen. Die Literaturkritiker sehen Goldings Werk als eine Idee, die Hobbes' Prinzip bestätigt – homo homini Lupus (Der Mensch (ist) dem Menschen ein Wolf). E. L. Epstein schreibt, dieses Werk stelle Herausforderungen an all die Entdeckungen über die menschliche Persönlichkeit der Psychoanalytiker aller Richtungen, der Sozialpsychologen und der Anthropologen. Durch Simon, einen der wichtigsten Charaktere, müsste man die Kapazität des Menschen für das Böse und für die brüchige Struktur des Moralsystems erblicken.[164]

Ist auch das Kind dem Kinde ein Wolf?

Statt eines vertieften Diskurses, der den Raum eines ganzen Buches einnehmen könnte und in das die psychologische Erörterung von den Motiven Kains bis hin zur Delinquenz im Kindesalter gehören würden, füge ich einen autobiographischen Bericht hinzu.

Man sagt, dass uns die persönlichen Erfahrungen in mancher Hinsicht bestimmen. Eine Reihe der Verhaltensmuster, die wir entwickelt haben und

[164] Golding, W.: *Gospodar muha (Der Herr der Fliegen)*, Zagreb: Algoritam, 1999, s. 218–221.

nach denen wir als erwachsene Persönlichkeiten erkennbar sind, konnte unter dem Einfluss von Ereignissen, die wir seit Kindeszeiten erleben, entstehen. An die meisten erinnern wir uns wahrscheinlich nicht mehr. Tiefere Eindrücke hinterlassen nur ausgeprägte, starke Erlebnisse. Die anderen wirken wahrscheinlich wie Körnchen auf Körnchen. Mit der Zeit entsteht daraus ein Stein, der uns, aber auch die Menschen um uns, drückt. Manchmal aber erhalten wir auch, in Übereinstimmung mit der Redewendung, einen Kuchen und einen Menschen, der gut wie Brot ist.

Wenn man sich mehr Gutes wünscht, muss man unbedingt über das andere, das Schlechte, reden. Nur so kann man den Situationen ausweichen, die in uns manch Dunkles hervorrufen, von dem Wunsch nach Macht über Andere bis zu allen Arten von Gewalt, die an der Macht klebt wie ein siamesischer Zwilling.

Ich schließe somit diese Essaysammlung mit der Erinnerung an meine Kinderjahre. Wahrscheinlich werde ich, im Gegensatz zu den Erwartungen der Leser, nicht von irgendeiner Gewalt an mir sprechen, sondern von den ersten Gelegenheiten, wenn jemand dem Kind einen Status verleiht, der ihm nicht zusteht und ihm keinesfalls zugeteilt werden dürfte.

In den allgemein armen Zeiten der 50er Jahre des vorigen Jahrhunderts habe ich mich nicht viel von den Gleichaltrigen unterschieden. Die einzige Freude, die bei mir ausgeprägter war, als bei anderen Kindern und die ich auch schon früh zeigte, war das Lesen. Die alte Tante, die mit uns lebte, hatte für mich mehr Zeit als Mutter und Vater, die noch mitten im Studium steckten und voller Sorge um das Überleben waren. Sie bemerkte, dass ich mir sofort die Buchstaben merkte und sie auch zu Worten verbinden konnte. Weil mir eine liebevolle Förderung zugutekam, las ich mit drei Jahren so fließend wie heute. Mit dieser Besonderheit kam ich in die erste Klasse und es reichte, um bemerkt worden zu sein, ohne weitere Fähigkeiten besessen zu haben. Die meisten Kinder malten schöner als ich und manch einer war im Rechnen erheblich besser. Besonders Letzteres gilt noch heute. Ich erinnere mich, wie mich in der ersten Klasse, mit gut 6 Jahren, die Lehrerin mit dem Lesebuch in die 4. Klasse schickte, um dort zu zeigen, wie fließend ich lese. Die Lehrerin in der 4. Klasse hatte den Verdacht, dass ich den Text aus dem Lesebuch vielleicht auswendig gelernt hatte. Sofort nahm sie ein anderes Buch und gab es mir in die Hände. Nachdem ich auch mit diesem keine Schwierigkeiten hatte, entschloss sie sich für eine Art Erziehungslektion. Sie rief einen ihrer Schüler, der trotz mehrjährigen Lesens immer noch stark stockte, auf. Nach seinem Zwangsauftritt kam es absolut geplant und vorhersehbar zum allgemeinen Gelächter, in Wahrheit zum Auslachen. Zuerst machte sich über ihn die Lehrerin lustig, bald darauf zogen die Kinder in der Klasse ausgelassen mit. Der ungeschickte kleine Leser zog sich beschämt zurück in die Bank, ich aber war jetzt auch außerhalb der eigenen Klasse etwas Besonderes und so ähnlich fühlte ich mich auch. Ich erinnere mich daran, dass ich gegenüber dem beschämten Buben keinerlei Mitleid verspürte, noch weniger, dass ich versucht hätte, ihn mit irgendetwas zu trösten – weder damals in der Klasse noch später außerhalb der Schule.

Dank dieses absolut partiellen Talents wurde ich zum Klassensprecher gewählt. Damals hat das überhaupt nichts bedeutet. Aber die Lehrerin wusste diese Position aufzubauen und mit einem besonderen Privileg zu belohnen. Manchmal verließ sie für 10 Minuten die Klasse, mich aber stellte sie auf ihren Platz am Lehrerpult. Meine Aufgabe war es, in der Zeit, in der sie abwesend war, im Klassenzimmer für Ruhe zu sorgen. Wenn einer der Mitschüler laut sprechen oder auf andere Weise stören würde, müsste ich ihn an die Tafel aufschreiben. Somit bekäme die Lehrerin bei der Rückkehr ein klares Bild, wer zu bestrafen sei.

In dieser Situation dauerte es nicht lange, bis die Mitschüler, 6- und 7-jährige Winzlinge, wie ich auch selbst einer war, anfingen, meine und ihre Macht zu prüfen. So fing das Spiel an, bei dem es aussah, als ob ich unbestritten stärker wäre. Auf kleine Bemerkungen habe ich zuerst nicht reagiert. Nachdem die Mitschüler feststellten, dass ich noch niemanden aufgeschrieben habe, wurden sie mutiger und erhöhten den Druck, bis der erste Name an der Tafel erschien. Danach haben sich einige beruhigt, die anderen aber nicht. Später verstand ich, dass diese anderen, die keine Angst vor mir hatten, von zuhause viel Schlimmeres gewohnt waren, als es mein Petzen war. Aber je mehr es schien, dass die Lehrerin bald kommt, desto ruhiger wurden manche und baten mich sogar, sie wegzuwischen.

Ich spürte in mir eine Kraft, die ich nie hatte. Dünn und schmächtig wie ich war, war ich seit jeher ein attraktives Opfer für Stärkere. Schon deswegen versuchte ich immer, Schlägereien zu vermeiden, und trotzdem bekam ich hin und wieder was ab. Niemals aber ging ich auf einen Schwächeren los, nicht mal, wenn so einer tatsächlich erschien. Die Macht, die mir die Lehrerin verliehen hat, bedeutete aber die sichere Bestrafung jener, für die ich mich – wenn auch mit bestimmtem Grund – entschied. Und in jener Situation waren auf einmal alle schwächer als ich. Das, was ich tat, waren keine direkten Schläge, es führte aber dazu. Einer Mitteilung an die Eltern folgten in den damaligen Zeiten in den meisten Fällen physisch bekräftigte Predigten zu Hause.

Ich erinnere mich gut daran, wie ich auf die Bitten einiger, sie von der Tafel zu wischen, reagierte. Zuerst wischte ich sie weg, wenn sie aber erneut „sündigten", habe ich sie sofort aufgeschrieben und ihren Namen unterstrichen. Die Furchtlosesten und die gegenüber meinen Beruhigungsversuchen – Foucault würde sagen Überwachungs- und Bestrafungsversuchen – Verächtlichsten, wurden auch fünfmal unterstrichen. Es gab nicht viele davon, zwei oder drei. Bei ihnen wusste man, dass sie Mitteilungen oder eine ähnliche Strafe bekommen werden, in jedem Fall eine unangenehme.

So mischten sich bei mir Bruchstücke von Verständnis, sogar Mitleid, gegenüber jenen, die sich „besserten", mit dem triumphierenden Gefühl von Übermacht gegenüber jenen, denen ich in anderen Situationen nie gewachsen war. Die Gefühle von Macht und Kraft waren wesentlich stärker und angenehmer als das Gefühl von Mitleid.

Stellen wir uns vor, wie verhängnisvoll in der Tat die Lage ist, in der der kleine 7-jährige aufgeblasene „Emporkömmling" plötzlich 30 gleichaltrige Kinder beherrscht. Noch mehr als dass er sie beherrscht, hat er in den Händen die Macht, sie zu bestrafen, weil er mit dem Strafvollzieher beinahe verbunden ist.

Noch heute weiß ich nicht, warum sie nicht später, nach dem Unterricht, mit mir abgerechnet haben. Vielleicht glaubten sie, dass sie dann wirklich etwas Unangenehmes ereilen würde, mehr als eine Mitteilung oder ein Verweis, die ich ihnen mit meiner Überwachungsangeberei beschert habe.

Wenn ich mich ein wenig von den Vorwürfen meines Verhaltens wegen verteidigen will, kann ich nicht die Lehrerin auslassen, deren Urteilsvermögen in mancher Hinsicht ganz falsch war. Solch eine Praxis, übertragen in ernstere Situationen, führte dazu, dass z. B. in den Gefängnissen die Wärter einem der Verurteilten ziemlich viel Macht überließen. Sie wussten genau, dass dann in der Regel Ruhe herrscht. Sie kannten auch den Preis einer so gewonnenen Ruhe; noch besser als sie selber, wussten das die untergeordneten Mitverurteilten.

Ich weiß nicht, was aus mir geworden wäre, wenn mir das Schicksal mehr Macht über Menschen verliehen hätte. Ich glaube, dass ich großes Glück habe, weil ich diesbezüglich „benachteiligt" bin. Auch schütze ich mich sorgfältig vor solchen Versuchungen. Wäre ich ich Politiker würde ich vielleicht aus Menschen so etwas machen wie Iztok Mlakar in einem seiner Lieder sagt – „aus dem Regenwurm eine Frikadelle", wenn man drauftritt. Am schlimmsten wäre es, wenn ich das womöglich genießen würde. Ich begegnete genug Menschen, denen eine solche Gelegenheit den Tag erfüllte. Deswegen bleibt mir in unvergesslicher Erinnerung das Wort des humanistischen Psychologen Abraham Maslow:

„Gesunde Menschen mögen keine Macht über andere Menschen."[165]

Jedenfalls muss man sich offensichtlich damit abfinden, dass die Geburtsfeen manch einem genug Potential für das Böse in die Wiege legen.

---

165 Maslow, H. A.: *Motivacija i ličnost(Motivation und Persönlichkeit)*, Beograd: Nolit, 1982, S. 317 (376 S.).

QUELLENANGABE

1966 (July 28) Portugal 2-USSR 1 (World Cup).avi. YouTube (14. Jan. 2012). Verfügbar auf: http://www.youtube.com/watch?v=xMmlh-V7hC8.

Bracchi, P., Stewart, T. Special Investigation: English Defence League and the hooligans spreading hate on the High Street. *Mail Online* (5 April 2013). Associated Newspapers Ltd, Daily Mail, The Mail on Sunday & Metro Media Group. Verfügbar auf http://www.dailymail.co.uk/news/article-1338080/Special-Investigation-English-Defence-League-hooligans-spreading-hate-High-Street.html#ixzz3XqXuSZlU.

Celevska, I. Ana Dragičević: Nadam se da će biti kažnjeni svi koji su me »liječili« od homoseksulanosti (Ich hoffe, dass alle, die mich wegen der Homosexualität „therapiert" haben, bestraft werden). *Slobodna Dalmacija* (die größte kroatische Tageszeitung), (22. 09. 2010). Verfügbar auf: http://www.slobodnadalmacija.hr/Hrvatska/tabid/66/articleType/ArticleView/articleId/116296/Default.aspx.

Clemmer, D. *The Prison Community*. New York: Holt, Rinehart, Winston, 1958.

Curtis Taete, J. L. Sex Offenders in Florida Now Have Warning Signs Outside Their Homes. *VICE Magazine* (April 17, 2013). Verfügbar auf: http://www.vice.com/read/sex-offenders-in-florida-now-have-warning-signs-outside-their-homes.

Davis, M. (Regisseur), Harris, M. J. (Drehbuch). *Doctors of the Dark Side*. IMDb, 2011. Verfügbar auf: http://www.imdb.com/video/wab/vi1398709785/.

Daschner, W., Casse, E. (Übersetzer) Respect for Human Dignity in Today's Germany: Decision of 20 December 2004. Regional Court (Landgericht) of Frankfurt am Main. *Journal of International Criminal Justice*, Jg. 4, Nr.

4 (2006), S. 862-865. Oxford: University Press, 2006. Verfügbar auf: DOI: 10.1093/jicj/mql071; http://jicj.oxfordjournals.org/content/4/4/862.full.pdf.

Dedić, J. Jalušič, V., Zorn, J. *Izbrisani: organizirana nedolžnost in politike izključevanja(Die Gelöschten:Die organisierte Unschuld und Politik der Ausgrenzung)*. Ljubljana: Mirovni inštitut (Friedensinstitut), Inštitut za sodobne družbene in politične študije/Institut für zeitgenössische Gesellschafts- und Politikstudien, 2003.

Diamond, G. Did You Engage in Sexual Play Before Age 18? Should YOU Have a Sign Like This Posted In Your Yard? *THE OC", FRESH JUICE* (April 11, 2013). Verfügbar auf: http://www.orangejuice-blog.com/2013/04/did-you-engage-in-sexual-play-before-age-18-should-you-have-a-sign-like-this-posted-in-your-yard/.

Divac, V. Intervju s Petrom Vilfanom (Das Interview mit Peter Vilfan). *Delo*: Španija (Delo: Spanien) 2014, S. 20–21.

Documentary 'Invisible War' Reveals Culture of Sexual Assault in the Military
Public Broadcasting Service: NewsHour (February 18, 2013). Verfügbar auf: http://www.pbs.org/newshour/bb/entertainment-jan-june13-invisible-war_02-18/.

Dominor. *Spletna Lekarna Ljubljana*. (Online Apotheke Ljubljana) Verfügbar auf: Http://lekarnaljubljana.si/upload/izdelki_dokumenti/886/dominor_vlozni_list.pdf.

Dorfman, A. Ariel Dorfman. *WordPress*, 2015. Verfügbar auf: http://arieldorfman.com/.

Dunbar, P. 300,000 babies stolen from their parents - and sold for adoption. *MAILONLINE* (16 October 2011). Verfügbar auf: http://www.dailymail.co.uk/news/article-2049647/BBC-documentary-exposes-50-year-scandal-baby-trafficking-Catholic-church-Spain.html.

Fajfar, S. Vojska lahko in mora pomagati svojim vojakom (Das Militär kann und muss seinen Soldaten helfen). *Delo* (27. 8. 2014), S. 8.

Fantovščina (Junggesellenabschied). *Izklop.com,* 2012. Verfügbar auf: http://izklop.com/?url=forum/posts&forumid=5&topicid=10486&page=2

Fox, M. Ray Rice Isn't Alone: 1 in 5 Men Admits Hitting Wives, Girlfriends. *NBC News Digital* (September 15th 2014). Verfügbar auf: http://www.nbcnews.com/storyline/nfl-controversy/ray-rice-isnt-alone-1-5-men-admits-hitting-wives-n203841.

Frelih, P. Med vojno v BiH streljal na Muslimane (Während des Krieges in Bosnien und Herzegovina auf Muslime geschossen). *Delo* (30. 10. 2009). Verfügbar auf: http://www.delo.si/clanek/91466.

Gačnik, A. Dediščina kurenta med tradicijo in inovacijami (Das Erbe Kurents zwischen Tradition und Inovationen). V: Fikfak, J. et al. *O pustu, maskah in maskiranju* (*Über Fasching, Masken und Maskierung*). Ljubljana: ZRC SAZU, 2003, S. 125–146.

Golding, W. *Gospodar muha (Der Herr der Fliegen*). Zagreb: Algoritam, 1999.

Gough, P. Why Paint War? *Bristol 2014* (9. junij 2014). Verfügbar auf: http://www.bristol2014.com/5/why-paint-war-art-british-artists-and-the-first-world-war.html.

Green Dragons 1988: Zgodovina (Green Dragons 1988: Die Geschichte). Verfügbar auf: http://green-dragons.com/zgodovina/.

Gustl Mollath: Chronologie von der Anzeige bis zur Freilassung. *Spiegel online* (2014). Verfügbar auf: http://www.spiegel.de/panorama/justiz/gustl-mollath-chronologie-von-der-anzeige-bis-zur-freilassung-a-979190.html.

Hladnik-Milharčič, E. Miha Škerbinc. Dnevnik: Objektiv (9. 11. 2013). Verfügbar auf: http://www.dnevnik.si/objektiv/intervjuji/miha-skerbinc.

Hočevar, T. Pred sodnike 1700 skrbnih očkov (1700 fürsorgliche Väter vor dem Richter), *Delo* (29. 9. 2000). V: Petrovec, D. *Mediji in nasilje (Medien und Gewalt)*, Ljubljana: Mirovni inštitut (Friedensinstitut), 2003, S. 24.

Hostnik, M. Primer Nekrep: odstopil predsednik razsodišča prof. dr. Miro Denišlič (Der Fall Nekrep: Der Vorsitzende des Schiedsgerichts Prof.Dr. Miro Denišlič zurückgetreten). *Dnevnik* (23. Januar 2010). Verfügbar auf: https://www.dnevnik.si/1042332249/slovenija/1042332249.

Hozjan, M. Zahovič: Pritožbe ne bo. Dovolj bodo naše zmage! (Es wird keine Berufung geben. Unsere Siege werden reichen!) Šport TV (21. September 2012). Ljubljana: ASPN GmbH. Verfügbar auf: http://www.sport-tv.si/d163909/Nogomet/Slovenija/Zahovic_Pritozbe_ne_bo._Dovolj_bodo_nase_zmage.html.

I Am Fishead: Are Corporate Leaders Psychopaths? *TDF*, 2015. Verfügbar auf: http://topdocumentaryfilms.com/i-am-fishead-are-corporate-leaders-psychopaths/.

Independent Lens. Invisible War Director Kirby Dick on the Healing Power of Film *Public Broadcasting Service: NewsHour* (May 9, 2013). Verfügbar auf: http://www.pbs.org/independentlens/blog/invisible-war-filmmaker-kirby-dick.

Jalušič, V. *Zlo nemišljenja (Das Übel des Nichtdenkens)*. Ljubljana: Mirovni inštitut (Friedensinstitut), 2009.

Kesey, K. Let nad kukavičjim gnezdom (Einer flog über das Kuckucksnest). Maribor: Obzorja, 1977. (Svet v knjigi/Welt im Bild; 164).

Kesič, K. Hiperaktivnost -- kaj je sindrom ADHD (Hyperaktivität – was ist das ADHS Syndrom). *Viva, portal za zdravo življenje/Viva, Portal für gesundes*

Leben (2. November 2010). Verfügbar auf: http://www.viva.si/Otro%C5%A1ke-bolezni-Pediatrija/172/Hiperaktivnost-kaj-je-sindrom-ADHD.

Kogovšek, N. et al. *Brazgotine izbrisa: prispevek h kritičnemu razumevanju izbrisa iz registra stalnega prebivalstva Republike Slovenije (Die Narben der Löschung: Ein Beitrag zur kritischen Betrachtung der Löschung aus dem Register der Wohnbevölkerung der Republik Slowenien*). Ljubljana: Mirovni inštitut (Friedensinstitut), 2010.

Kogovšek Šalamon, N. *Pravni vidiki izbrisa iz registra stalnega prebivalstva : doktorska disertacija. (Juristische Aspekte der Löschung aus dem Register der Wohnbevölkerung: Doktordissertation*) Ljubljana: [N. Kogovšek Šalamon], 2011.

Kopušar, S. Privilegirani do nezavesti (Privilegiert bis zum Umfallen. *Nedelo* (14. 9. 2014), S. 11.

Korematsu v. United States (No. 22): Decision of 18 December 1944. Supreme Court. *The Legal Information Institute*, 323 U.S. 214. Verfügbar auf: https://www.law.cornell.edu/supremecourt/text/323/214.

Križev pot pri fantovščini / Kreuzweg beim Junggesellenabschied. *Računalniške novice*, 2007. Verfügbar auf: http://www.racunalniske-novice.com/forum/topic/48520-krizev-pot-pri-fantovscini/.

Kuret, N. Kadar korant vlada (Wenn Korant herrscht). V: Fikfak, J. et al. *O pustu, maskah in maskiranju /Über Fasching, Masken und Maskierung*. Ljubljana: ZRC SAZU, 2003, S. 138.

Kuret, N. Maske slovenskih pokrajin/ Masken der slowenischen Provinzen, 1984. V: Fikfak, J. et al. *O pustu, maskah in maskiranju / Über Fasching, Masken und Maskierung*. Ljubljana: ZRC SAZU, 2003, S. 29.

Lagercrantz, D., Ibrahimović, Z. *Jaz sem Zlatan Ibrahimović /Ich bin Zlatan Ibrahimović* . Tržič: Učila International, 2012. (Zbirka Žepna knjiga / Učila International).

Lavrič, T. Peticija: Ukinimo vojsko! (Armee abschaffen!) *Mladina* (28. 1. 2010). Verfügbar auf: http://www.mladina.si/49542/peticija-ukinimo-vojsko/.

Leicht, J. The Daschner case and the rehabilitation of torture in Germany. International Committee of the Fourth International (ICFI). *World Socialist Web Site – wsws.org* (December 13 2004). Verfügbar auf: http://www.wsws.org/en/articles/2004/12/tort-d13.html.

Lifton, R. J. Doctors and Torture. *New England Journal of Medicine*, vol. 351, Nr. 5 (July 29 2004), str. 415–416. Verfügbar auf: DOI: 10.1056/NEJMp048065; http://www.nejm.org/doi/full/10.1056/NEJMp048065.

Lifton, R. J. What Made This Man? Mengele. *The New York Times* (July 21, 1985). Verfügbar auf: http://www.nytimes.com/1985/07/21/magazine/what-made-this-man-mengele.html.

Lopatič, J. Zdovc: Ko prideš na parket, bi ubijal /Wenn man das Parkett betritt, will man töten. *Planet Siol.net* (22.06.2013). TSmedia, medijske vsebine in storitve, d.o.o. Verfügbar auf: http://www.siol.net/sportal/ko-sarka/2013/06/kosarka_intervju_zdovc.aspx.

Lucu, A. Uboj človeka iz užitka za sto mark: Psihiatri v Trstu poslušajo o safariju na ljudi v Sarajevu / Menschentötung aus Lust für 100 DM: Psychiater in Trieste hören über Safari auf Menschen in Sarajevo. *Nedeljski dnevnik* (9. september 2012).

Mansfield, S. Artist Peter Howson returns after depression battle. *The Scotsman* (01 March 2013). Verfügbar auf: http://www.scotsman.com/news/artist-peter-howson-returns-after-depression-battle-1-2817904.

Marsh, J. The Trouble with Taffies: Welsh Hooligan Gangs. Headhunter Books, 2007. *Charlie and the Stoney Jackets Factory. WordPress* (May 29, 2012). Verfügbar auf: https://charliestoney.wordpress.com/2012/05/29/the-trouble-with-taffies-welsh-hooligan-by-jeff-joe-cardiff-marsh-without-pictures/.

Maslow, H. A. *Motivacija i ličnost/Motivation und Persönlichkeit*. Beograd: Nolit, 1982.

Mathiesen, T. The Sociology of Prisons: Problems for Future Research. *The British Journal of Sociology*. London: Wiley-Blackwell: London School of Economics. Vol. 17, No. 4 (Dec., 1966), S. 360-379. Verfügbar auf: http://www.jstor.org/stable/589183.

Medenosrce.net. Verfügbar auf: Http://www.medenosrce.net/forum/forum_posts.asp?TID=6028&PN=3.

Mehle, B. Tekma je še najbolj beden del dneva/ Das Spiel ist das erbärmlichste Teil des Tages. *Dnevnik: Objektiv* (17. november 2012), S. 18.

Mi. K. Dušan Petrovčič ob zaposlitvi izpolnjeval pogoje/ Dušan Petrovčič erfüllte bei der Anstellung alle Bedingungen. Delo (26.08.2014). Verfügbar auf: http://www.delo.si/novice/kronika/dusan-petrovcic-ob-zaposlitvi-izpolnjeval-pogoje.html.

Milčinski, J. *Medicinska etika in deontologija : razprave in članki/ Medizinische Ethik und Deontologie: Abhandlungen und Artikel* . Ljubljana: Univerzum, 1982. (Strokovne publikacije. Izbrana dela).

Milčinski, J. *Medicinsko izvedenstvo: zbirka izvedenskih in strokovnih mnenj s področja sodne medicine in drugih medicinskih strok, toksikologije in medicinske kriminalistike./ Medizinisches Sachverständigenwesen: Gutachten- und Expertenmeinungssammlung auf dem Gebiet der Gerichtsmedizin und anderen medizinischen Fachgebieten, Toxikologie und der medizinischen Kriminalistik,* Ljubljana: Universität in Ljubljana, 1970.

Miller, A. *Upor telesa/Die Revolte des Körpers*, Ljubljana: Tangram, 2005.

Mollath Prozess: Anwalt Strate will nicht Pflichtverteidiger sein. *Spiegel online* (2014). Verfügbar auf http://www.spiegel.de/panorama/justiz/mollath-prozess-anwalt-strate-will-nicht-pflichtverteidiger-sein-a-983188.html.

Morris, T., Morris, P. *Pentonville: A Sociological Study of an English Prison.* London: Routledge and Keagan Paul, 1963.

Mrevlje, G. ADHD pri odraslih in možnosti obravnave/ ADHS bei Erwachsenen und Möglichkeiten der Behandlung. In: *Krivda : zbornik prispevkov/ Die Schuld: Beitragsband*. 14. Bregantovi dnevi/Bregants Tage, [9.-12. Okt. 2014, Podčetrtek], Srpak, M. in Sernec, K. (Redaktion). Ljubljana: Združenje psihoterapevtov Slovenije/Verband der slowenischen Psychotherapeuten; Psihiatrična klinika/Psychiatrische Klinik, 2014, S. 50–56.

M. Ž. Zidanes Kopfstoß In Paris anzusehen. *Delo.si* (27.09.2012). Verfügbar auf http://www.times.si/sport/v-parizu-na-ogled-zidanov-udarec-z-glavo--c3d82500ee-ecff290e80.html.

Novak, G. Sindikat vojakov Slovenije - UKINIMO VOJSKO/ Gewerkschaft der Soldaten Sloweniens – Armee abschaffen. Online Archiv der Gewerkschaft der Soldaten Sloweniens – SVS (10. 3. 2010). Verfügbar auf http://www.arhivsvs.si/media/DIR_145406/Opredelitev$20SVS$20do$20peticije$20UKINIMO$20VOJSKO.pdf.

Nun charged over 40 year baby kidnapping scandal. *Herald Sun* (March 17 2012). The Herald & Weekly Times Pty Ltd. Verfügbar auf http://www.heraldsun.com.au/archive/news/nun-charged-over-baby-kid-napping-scandal-spanning-40-years/story-e6frf7lf-1226302469433.

Objavljen seznam zapornikov z Golega otoka/Die Liste der Inhaftierten auf Goli otok veröffentlicht. *RTV SLO: Odmevi* (9. 1. 2014). Verfügbar auf http://4d.rtvslo.si/arhiv/odmevi/174255591.

Petrovec, D. Kaznivo »izobraževanje« bodočih zdravnikov: Nasilje v Oražnovem domu / Strafbare „Ausbildung" der zukünftigen Ärzte: Gewalt im Internat Ivan Oražen. *Dnevnik: Objektiv* (5. 5. 2012), S. 15.

Petrovec, D. Mediji in nasilje: obseg in vpliv nasilja v medijih v Sloveniji /Medien und Gewalt: Umfang und Einfluss der Gewalt in Medien in Slowenien. Ljubljana: Mirovni inštitut (Friedensinstitut), 2003. (Band Mediawatch).

Petrovec, D. Med pravico in pravičništvom/ Zwischen Recht und Gerechtigkeitsfanatismus. *Dnevnik: Objektiv* (5. Mai 2012), S. 15.

Pirjevec, J. *Tito in tovariši/Tito Die Biografie*. Ljubljana: Verlag Cankar, 2011.

Poggioli, S., Junquera, N. Families Of Spain's 'Stolen Babies' Seek Answers — And Reunions. NPR (December 14 2012). Verfügbar auf http://www.npr.org/2012/12/14/167053609/families-of-spains-stolen-babies-seek-answers-and-reunions.

Polanski, R. (Regie), Yglesias, R. in Dorfman, A. (Drehbuch) *Death and the maiden = Der Tod und das Mädchen* (VHS). Šentrupert: Karantanija film, 1996

Pučko - Lesničar, T. Claude Lanzmann in njegovi drobci zgodovine/ Claude Lanzmann und seine Geschichtsbruchstücke, *Dnevnik: Objektiv* (5. 4. 2014), S. 17.

Rassinier, P. Chapter VII: The Eichmann trial or the new mastersingers of nuremberg. *The Real Eichmann Trial or The Incorrigible Victors*. Steppingstones Publications, Silver Spring, MD (1979). First published as *Le Véritable Procès Eichmann ou les Vainqueurs incorrigibles*, Les Sept Couleurs, Paris (1962). Verfügbar auf http://www.heretical.com/miscella/eichmann.html.

Rebernik, A. Psihiatrizacija družbe ne vodi k mentalnemu zdravju, temveč povečanju duševnih motenj/ Psychiatrisierung der Gesellschaft führt nicht zu mentaler Gesundheit, sondern zum Anstieg der psychischen Störungen. *Planet Siol.net* (26. 09. 2014). Verfügbar auf http://www.siol.net/novice/rubrikon/siolov_intervju/2014/09/robert_torre_hrvaski_psihiater_o_psihiatriji.aspx.

Repe, B. Pučnikova odgovornost/ Pučniks Verantwortlichkeit. *Mladina* (3. 1. 201). Verfügbar auf http://www.mladina.si/152489/pucnikova-odgovornost/.

Russian Writer Shooting at Sarajevo. YouTube (27. Apr. 2013). Verfügbar auf http://www.youtube.com/watch?v=JkjPZvz27mg.

Savić, B., Frank, R. Ana Dragičević: Unatoč svemu mojim roditeljima ne želim zlo/Trotz allem wünsche ich meinen Eltern nichts Schlechtes. *Novi list* (29. Sept. 2013). Verfügbar auf http://www.novilist.hr/Vijesti/Rijeka/Ana-Dragicevic-Unatoc-svemu-mojim-roditeljima-ne-zelim-zlo.

Sever, J. 85.768 žrtev/85.768 Opfer. *Mladina* (24. 3. 2004). Verfügbar auf http://www.mladina.si/93279/85-768-zrtev/.

Slovenska vojska o homo fantazijah/ Slowenische Armee über Homophantasien. Narobe (08.03.2010). Ljubljana: Društvo informacijski center Legebitra. Verfügbar auf http://www.narobe.si/myblog/slovenska-vojska-o-homo-fantazijah.

Sovrè, A. (prev.). Hipokratova prisega/ Das Eid des Hippokrates. *Zdravstveni vestnik*, let. 31, Nr. 1/2 (1962), S. 37.
Sosič, M. *Ki od daleč prihajaš v mojo bližino/ Der von weitem in meine Nähe kommst*. Ljubljana: Študentska založba, 2012.

Studio ob sedemnajstih/Studio um siebzehn Uhr. Ljubljana: Radio Slovenija (15. 12. 2003).

Sykes, G. *The Society of Captives*. New Jersey: Princeton, 1958.

Szalavitz, M. Study: 1 in 25 Business Leaders May Be Psychopaths. *Time* (Sept. 20, 2011). Verfügbar auf http://healthland.time.com/2011/09/20/study-1-in-25-business-leaders-may-be-psychopaths/.

Šranga/Die Schranke. *Frajtonerca.net*, 2008. Verfügbar auf http://www.frajtonerca.net/forum/viewtopic.php?t=1214.

Špadijer Đinić, J. *Zatvoreničko društvo/ Gefängnisgesellschaft*. Beograd: Institut za kriminološka i sociološka istraživanja / Institut für kriminologische und soziologische Forschungen, 1973.

Teaching With Documents: Documents and Photographs Related to Japanese Relocation During World War II. *The National Archives and Records Administration* (NARA). Verfügbar auf www.archives.gov/education/lessons/japanese-relocation/.

Tednik. Ljubljana: RTV Slovenija (21. 5. 2012).

Toplak, D. Do konca maja odlocitev o dodatnih Adriinih letih iz Maribora. *Vecer* (20.april 2015). Verfügbar auf http://web.vecer.com/portali/vecer/v1/default.asp?kaj=3&id=2009080905458699.

Torre, R. Prava istina o psihiatriji/ Die echte Wahrheit über die Psychiatrie. *Nedjelnji jutarnji list* (10. 8. 2014), s. 46–47.

Trampuš, J. Upor jeznih/ Der Aufstand der Wütenden W. *Mladina* (7. 4. 2011).

Umjetnina koja je šokirala svijet/Das Kunstwerk, das die Welt schockierte. Jutarnji.hr: *DEPO PORTAL.* (15.12.13). Verfügbar auf http://depo.ba/hronika/sliku-koja-prikazuje-silovanje-muslimanke-u-bosni-kupio-je-david-bowie-i-sad-ce-je-prvi-put-nakon-20-godina-javno-izloziti.

Vaupotič, V. Je po krivici zaprt na psihiatriji? / Zu Unrecht in der Psychiatrie? *Dnevnik* (3. 12. 2012), S. 25.

Vojnović, G. »Navijači« ali nogomet/" Fans" oder Fußball. *Dnevnik*: Objektiv (3. 8. 2013), S. 7.

Waiting for El Juez: the plot, brief video interviews, and a short excerpt of a duet (spletni dnevnik). (April 21 2014). Verfügbar auf http://josepcarreras-tenor.blogspot.it/2014/04/waiting-for-el-juez-plot-brief-video.html

Wolf, N. Posilstva v ameriški vojski - moralna čistost v megli/Vergewaltigungen in der amerikanischen Armee – Moralische Untadeligkeit im Nebel. *Delo* (15.07.2013). Verfügbar auf http://www.delo.si/mnenja/gostujoce-pero/posilstva-v-ameriski-vojski-moralna-cistost-v-megli.html?search=Naomi%20Wolf.

World War Two – Japanese Internment Camps in the USA. *HistoryOnTheNet* (08. 05. 2014). Verfügbar auf www.historyonthenet.com/ww2/japan_internment_camps.htm.

You Can't Handle the Truth! V: Reiner, R. (Regie), Aaron Sorkin (Drehbuch). *A Few Good Men* (7/8) Columbia Pictures, 1992. Auf *YouTube* (21. Okt. 2012). Ausschnitt verfügbar auf https://www.youtube.com/watch?v=9FnO3igOkOk.

Zapisnik Sveta študentov Medicinske fakultete/Das Protokoll des Studentenrates der Medizinischen Fakultät (21. 3. 2012). Verfügbar auf http://www.ssmf.org/index.php/zapisniki(?download=5:zapisnik-21-3-2012).

Zgonc, D. Interview: Aleksander Doplihar, Leiter der Ambulanz Pro bono für Menschen ohne Krankenversicherung, *Viva* (29. März 2011). verfügbar auf http://www.viva.si/Intervju/6936/Intervju-Aleksander-Doplihar-vodja-ambulante-Pro-bono-za-osebe-brez-zd.

Zimbardo, P. G., Musen, K. (rež.). *Quiet Rage: The Stanford Prison Experiment. Stanford Prison Experiment* website, 1992. Verfügbar auch auf http://www.prisonexp.org/.

Zlatan Ibrahimovic's Best Goals. *YouTube* (15. Jun. 2013). Verfügbar auf https://www.youtube.com/watch?v=ia-zi5oLa_0.

Zlatan Ibrahimovic Crazy or Not? *YouTube* (1. jan. 2014). Verfügbar auf https://www.youtube.com/watch?v=vlrZVhBtr8c.

Žišt, D. *Obsojenci kot žrtve nasilja v zaporu: doktorska disertacija/Verurteilte als Opfer der Gewalt im Gefängnis: Doktordisertation*. Ljubljana: [D. Žišt], 2005.

Žišt, D. *Utrinki iz življenja za rešetkami/ Momente aus dem Leben hinter den Gittern.* Maribor: ČZP Večer, 2008.

Žižek, S. *Nasilje/Gewalt*, Ljubljana: Analecta, 2007.